Johannes Roth
Gartenlust im Frühling

Mit farbigen Fotografien
von Marion Nickig
Insel Verlag

Insel-Bücherei Nr. 1353
Sonderausgabe 2016

Gartenlust im Frühling

Magnolie heißt Fleischeslust

Wäre Wan Jun, die Gemahlin des letzten Kaisers von China, im mandschurischen Exil weniger unglücklich gewesen, hätte sie sich den Inhalt einer Orchideenvase nicht ohne jede Würze und Zutat in den Mund gestopft, am Ende unter Tränen, wie der Film von Bertolucci zeigt. Hätte sie einige Jahrzehnte früher gelebt, wären ihr in Peking zeitlebens von den Eunuchen der kaiserlichen Küche die ebenso weißfleischigen Blütenblätter der Yulan-Magnolie in Ei und Mehl gewendet und in siedendem Öl ausgebacken worden, so rasch, so kroß, daß unter der braunen Kruste Schmelz und Duft der Blume erhalten bleiben.

Die Yulan-Magnolie, in ihrer Heimat heißt sie Jade-Orchidee, trägt die botanische Bezeichnung Magnolia denudata: Die rahmfarbenen, später fast silbrig weißen Blüten erscheinen an noch nackten Zweigen. Wir können sie auch fritieren. Sie nur anzuschauen ist vielleicht der höhere, der angemessene Genuß. Die Versuchung ist groß, wenigstens ihre seidige Haut zu berühren. »Blume des nächtlichen Beisammenseins« ist ein anderer Name, den ihr die Chinesen gegeben haben. Vor Zeiten stand die Magnolie als Sinnbild von Reinheit und Süße allein dem Kaiser zu. Geruhte der Himmelssohn, eine Magnolie zu verschenken, war das eine unerhörte Auszeichnung.

In Europa wurde eine beneidenswerte Huldigung post mortem dem Gartendirektor von Montpellier zuteil, als die attraktive Chinesin und ihre achtzigstämmige Familie nach ihm, Pierre Magnol, benannt wurde. Magnolien, die im atlantischen Amerika heimisch sind, aber auch einige fernöstliche Arten blühen erst im Sommer im belaubten Baum, nicht so spektakulär, nicht so massenhaft, doch, aus der Nähe betrachtet, genauso bewunderungswürdig. Sie haben nicht viele, aber um so glühendere Verehrer, denen die nackte Allerweltsmagnolie nichts mehr bedeutet.

Die chinesischen und japanischen Frühjahrsmagnolien wurden in den europäischen Vorgärten vor der Blautannenzeit so regelmäßig gepflanzt, daß man ihrer steifen Pracht überdrüssig werden konnte. Heute darf man sich wieder für sie einsetzen: Mit den alten Häusern verschwinden auch die stattlichen Magnolienbäume. Wenn im Frankfurter Westend eines der rar gewordenen Exemplare früher aufbricht als anderswo, in weißer, rosa überhauchter oder auch purpurner Fleischeslust, ist das alle Jahre ein Motiv für die Fotografen der Lokalblätter.

Was da die immer hochformatigen Bilder mächtig füllt, obwohl die Bäume eher in die Breite gehen als in die Höhe, wird kaum noch eine Magnolia denudata sein, sondern die pompöse Tochter, Magnolia soulangiana. Sie ist die Frucht einer Verbindung mit der später blühenden Magnolia liliiflora, darum entfaltet sie ihre tausend tulpenförmigen Blüten meist erst Ende April.

Diese Soulangiana hat ihren Namen von Monsieur Soulange-Bodin, einem französischen Kavallerie-Offizier, der nach der verlorenen Schlacht von Waterloo das Königliche Institut für Gartenbau in Fromont bei Paris gründete und dort den Siegeszug der Magnolie in Europa beförderte, indem er zwar nicht die Vaterschaft übernehmen, jedoch Hebammendienste leisten konnte bei ebenjenem Kind, das viel robuster ist als seine Eltern: Soulangiana ist nicht so kalkempfindlich, sie übersteht die härtesten Winter und die längsten Hitzeperioden. Vor allem muß, weil sie etwas später kommt, nicht so oft in kalten Frühlingsnächten um ihre Blüten gebangt werden.

Wer sich also eine der sehr verschiedenen Sorten von Magnolia soulangiana in den Garten setzt, macht nichts falsch. Ob er aber für seine Verhältnisse richtig gewählt hat, wenn er sich für »Iolanthe« entscheidet, eine neuseeländische Soulangiana-Hybride mit dreißig

Zentimeter breiten Blütenkelchen, die ihrem Zartrosa noch einen Hauch Orange beifügen? Man kann durch die botanischen Gärten spazieren, Bücher studieren, etwa die »Kostbarkeiten aus ostasiatischen Gärten« von Andreas Bärtels, und sich in Spezialgärtnereien kundig machen, zum Beispiel bei Otto Eisenhut in San Nazzaro im Tessin oder bei Gottlieb Grübele im württembergischen Weissach. Die Liste der amerikanischen Magnolia Society, die sechshundertvierzig Magnolien enthält, wird unsereinen nur verschrecken, doch einige Kandidatinnen wollen Revue passieren.

Die japanische Sternmagnolie, Magnolia stellata, ist ein kompakter Busch, langsam wachsend, nach vielen Jahren kaum mannshoch. Sie braucht einen warmen Winkel, damit die schon im März aufbrechenden Blüten der Frost nicht bräunt. Eine andere Japanerin, Magnolia kobus, wird größer, kommt später, trotzt jedem Frost; sie mag aber erst blühen, wenn sie zehn oder fünfzehn Jahre alt ist. Die Blüten sind nur handtellergroß, jedoch gefälliger, lieblicher als die gewaltigen Löffel der Soulangiana. Der Darmstädter Dendrologe Franz Boerner schwärmte einst: »Vor einem blühenden Baum glaubt man, Scharen schneeweißer, flatternder Vögel hätten sich im Geäst niedergelassen.« Im Oktober haben sie sich in rote walzenförmige Früchte verwandelt, aus denen die Samen an langen Fäden heraushängen. Eine Kreuzung von Stellata und Kobus vereint deren Vorzüge: Magnolia loebneri blüht reich im April und schon an der jungen Pflanze, sie ist winterfest, wächst rasch und wird sechs Meter hoch. Die Purpurmagnolie blüht Ende Mai, im Hochsommer duften die Blüten der Magnolia watsonii nach Ananas. Die immergrüne Magnolia grandiflora ist für unsere Breiten nicht geeignet, erst in Südfrankreich fühlt sie sich wohl.

Bevor wir uns in einer Aufzählung verlieren, greifen wir zum Spaten, eine Pflanzgrube auszuheben. Denn gepflanzt wird vor dem Austrieb. Der Boden sei nahrhaft und frisch, eher sauer als kalkig, eher lehmig als sandig, doch durchlässig. Da die Wurzeln nicht tief gehen, muß die Baumscheibe in den ersten Jahren mit Laub oder Kompost gegen das Austrocknen geschützt werden. Später ist nicht mehr viel zu tun. Keinesfalls wird an einer Magnolie herumgeschnitten.

Wo wird sie gepflanzt? An einem windgeschützten Platz, der hell ist; Magnolien brauchen die Sonne noch im Spätsommer, damit das neue Holz und die Knospen Kraft sammeln für den Frühling. Daß die dickste Magnolie unseres Stadtviertels an einer zugigen Nordostecke steht, beweist wieder: Keine Regel ohne Ausnahme. Neben oder gar zwischen andere Gehölze will sie aber gewiß nicht gesetzt werden. Sie entfaltet ihre aristokratische Pracht in der Sonderstellung. Sie will ihre Umgebung beherrschen. Sie ist die Blume des Kaisers.

Das Maiglöckchen

Haben wir Goethes verdrehten rechten Fuß lang genug und mitleidend angesehen, weil ihm der malende Freund Tischbein damals, 1797 in Rom, auch noch so etwas wie einen linken Schuh verpaßt hat, so folgen wir dem in die Ferne gerichteten Blick des Gemarterten, benutzen also die Tür rechter Hand, wechseln aus dem Empfangssaal im Obergeschoß des Frankfurter Städel-Museums in den Raum P, wo ein anderes Schriftstellerporträt hängt. Es entgeht der allgemeinen Aufmerksamkeit. Schon deshalb, weil es den nicht so bekannten Dichter Martin Greif zeigt, in den anatomischen Details korrekt wiedergegeben von dem badischen Maler Wilhelm Trübner. Es entgeht der Aufmerksamkeit auch deshalb, weil dieser Herr Greif bloß lesend dargestellt ist, nicht bei der Arbeit, nicht schreibend oder starken Blicks die Welt erfassend. Er hält ein schmales Buch mit beiden Händen nah vor die Augen, als entbehre er der Brille, und – das ist der Punkt, auf den wir zusteuern – zwischen Zeigefinger und Mittelfinger seiner

Rechten ist ihm ein Maiglöckchenstrauß geklemmt, als solle ihm der wie ein zusätzliches Licht das Verständnis der Schrift erleichtern.

Wohl dem, der sein Maiglöckchen hat! Wenn es eine Blume gibt, die uns das Leben durchleuchten hilft, so ist es das Maiglöckchen. Dürer hat dem Erasmus von Rotterdam eine Vase mit Veilchen und Maiglöckchen auf den Studiertisch gestellt. Ein oberrheinischer Meister hat der Maria eine ganze Maiglöckchenkolonie ins Paradiesgärtlein gesetzt. Der Meister des Sterzinger Altars hat bei seinem »Ulmer Verlöbnis« den Liebenden natürlich auch Maiglöckchen zu Füßen in den Blumenteppich gewebt. Denn das Maiglöckchen ist, neben der Rose, nein, vor der Rose, die Blume, die der Liebe blüht, der himmlischen und erst recht der irdischen.

»Die Vergänglichkeit der Blume«, schreibt Rudolf Borchardt, »macht sie zum Gleichnis der Liebe, die, wie gern, ewig wäre.« Er kann nur das Maiglöckchen gemeint haben. Ein Volkslied singt: »Der Strauß, den ich gepflücket, / Er grüß' dich tausendmal, / Hab' mich danach gebücket / Wohl viele tausend Mal, / Und ihn ans Herz gedrücket / Viel hunderttausendmal.« Borchardt fügt hinzu: Nur die Blume dürfe Zeuge und Bürge der Sekunden sein, in denen solch ein Gefühl danach ringt, einem wohlverwahrten Herzen ein ähnliches zu entreißen und in ihm zu vergehen. Er kann nur das Maiglöckchen gemeint haben. Übrigens, die Blumengedanken des »Leidenschaftlichen Gärtners« sind von Franz Greno mit buchkünstlerischer Leidenschaft von neuem herausgebracht worden. Kostbar gedruckt und gebunden, dennoch wohlfeil.

»Die Botschaft der Blume ist das Leben, die Botschaft der Blume ist der Tod.« Bevor wir nur noch Borchardt zitieren, schauen wir das Maiglöckchen von nahem an, das lebenverheißende, das todbringende. Es versteckt sich im lichten Buchenwald oder im Garten zwischen Laubgehölzen, wo es winterfeucht ist, frühlingshell, nahrhaft, jedoch im Sommer schattig und trocken. Manche Gartenschriftsteller

wollen im Maiglöckchen einen Ausbund an Bescheidenheit erkennen. Denn es hält sich im Hintergrund, anfangs. Das zarte Maiglöckchen sieht so genügsam aus, empfindsam, fast hilfsbedürftig, aber es ist selbstbewußt, hartnäckig, zielstrebig. Es erobert sich den Platz, der ihm zusagt. Diese zarte Pflanze vermehrt sich unversehens mit Hilfe unterirdisch kriechender Wurzelrhizome. Wo vor zwei Jahren noch vielerlei Gewächs locker miteinander auskam, drängt sich jetzt nur noch das grüne Heer der Maiblumen; im April durchstießen helle Spieße den Boden, nun stehen die dunklen Blätter aufrecht eines am anderen wie Lanzen und Schilde auf Altdorfers Alexanderschlacht. Hier ist kein Durchkommen mehr!

Das Maiglöckchen, Convallaria majalis, gehört zu den Liliengewächsen. Manche Gartenschriftsteller rühmten es als Inbild der Reinheit. Ja, diese mädchenhaften, weißen Glöckchen, wie sie sich auf schlankem Stengel aus dem breitschultrigen, schützenden Blattpaar erheben und zugleich demütig neigen! Doch Vorsicht: Maiglöckchen duften süß, aber sie sind ungenießbar, sie sind in allen Teilen giftig. Und eben darum kann das Maiglöckchen kranke Herzen heilen, in der Homöopathie nur tropfenweise, gebündelt als Strauß überbringt es die Liebesnachricht, die der roten Rose des Sommers so nie erlaubt wäre. Die Botschaft der Rose ist auf eine ungenierte Art direkt. Das Maiglöckchen läutet kaum hörbar: Du bist mir teuer! Im Blumenladen kostet der Maiglöckchenstrauß deshalb so viel, weil zuvor in der Gärtnerei nur Handarbeit investiert wurde, schon beim Setzen und Verlesen der Rhizome, am Ende wieder beim Ernten der empfindlichen Blütenstengel, die neuerdings mindestens achtzehn Glöckchen tragen: »Grandiflora« heißt der Züchterstolz.

Die Maiglöckchen, die uns in den alten Städten an der Loire am Maifeiertag vor Schlössern und Kathedralen aufgedrängt werden, sind fast geschenkt. Warum nur wenige Francs der Strauß? Diese altmodisch kurzen Stengel mit allenfalls zwölf Glöckchen werden offenbar tags zuvor oder frühmorgens von den Verkäufern selber gepflückt in den Wäldern der Touraine, in der Landschaft Balzacs, wo Madame d'Aiglemont das Schmachten des Liebhabers genoß, aber nicht stillte, wo Madame de Mortsauf unter der bedrängenden Sehnsucht des Liebhabers litt, die sie nicht stillen durfte.

Als wir im Schloß von Langeais unsere Neugier auf die wunderbaren Hochzeitszimmer der Anna von Bretagne und danach auch unsern Hunger im Gasthof »Duchesse Anne« gestillt hatten und nach dem Dessert der Silberteller gebracht wurde, lag ein Maiglöckchengebinde obenauf. Wie selten wird eine Rechnung so mit Liebe aufgemacht!

»Mein Herz, mein Herz ist traurig, / Doch lustig leuchtet der Mai«, sang der deutsche Dichter Heine, bevor er sich in Frankreich zum Sterben niederlegte. Ist das der richtige Schluß für eine Maiglöckchengeschichte? Ja. Trotzdem wollen wir uns noch mal zu einer anderen Kadenz aufraffen.

Eines haben alle Maiglöckchen gemein, die kleinen im Wald, die feinen im Blumenkorb, die erlesen in der Vase, die wuchernden im Garten: Sie läuten den Frühling ein, sie blühen den Liebenden. Im Wörterbuch der Blumensprache bleibt der Code für das Maiglöckchen unverschlüsselt: »Du hast mich entzückt, als ich dich zum erstenmal sah.«

Flieder kommt wieder

Was duftet doch der Flieder / so mild, so stark und voll! / Mir löst er weich die Glieder, / will, daß ich was sagen soll.« Während der Meistersinger Hans Sachs in Nürnberg den Frühling spürt, und je älter er wird, desto mehr, während er Schuhe besohlt und Reime klopft, reist der Doktor beider Rechte Ghislain de Busbecq von Wien an den Hof des Sultans Soliman II. und vermittelt einen achtjährigen Frieden mit den unruhigen Türken. Busbecq bleibt bis 1562 als Gesandter in Konstantinopel. Bei der Rückkehr nach Wien hat er nicht nur Mokka im Gepäck. In seinem Garten auf der Bastei zieht er Tulpen und setzt Flieder an die Mauer. Den nie zuvor gesehenen Strauch, der am Bosporus den Namen Lilak trägt, bezeichnet er den Freunden lateinisch: Lilac Turcorum. Die Wiener nennen den Busch türkischen Holler. Später hat Busbecq den Flieder auch ins heimatliche Flandern gebracht, als er die Erzherzogin Elisabeth nach Frankreich begleitete. Doch in Nürnberg und ganz Mitteleuropa konnten Gärtner oder gar Schuhmacher bis zum Ende des sechzehnten Jahrhunderts allenfalls eine Abbildung des Flieders vor Augen gehabt haben.

Deswegen wird es Richard Wagner als Anachronismus nachgetragen, daß er seinen Hans Sachs ebendiese Zeilen singen läßt: »Was duftet doch der Flieder so mild, so stark und voll! Mir löst er weich die Glieder, will, daß ich was sagen soll.« Was würde der ehrenfeste Sachs auf den Einwand hin sagen, Flieder habe an der Pegnitz als poetisches Stimulans zu seiner Zeit nicht zur Verfügung gestanden? Er würde sich räuspern und also singen oder sagen: Ihr Herren irrt! Und habt auch wieder recht. Saß ich unterm Flieder, so saß ich unterm Hollerbusch.

Holler und Flieder waren zwei Namen für denselben Strauch, den alteingesessenen Schwarzen Holunder. Der türkische Fremdling, dieser Lilak, hat später dem Holunder den Flieder streitig gemacht, hat diesen niederdeutschen Namen erobert, als die eroberungswilligen Osmanen längst donauabwärts zurückgeworfen waren. In Wien hieß das Busbecqsche Haus zunächst einmal »Zur Hollerstauden«. Heute warten die Verliebten auch in Österreich darauf, daß der weiße Flieder wieder blüht. Die weißen Sorten von Syringa vulgaris, so heißt der Flieder jetzt bei den Botanikern, machen sich dennoch rar, sogar in der Fliedermetropole Wien. Noch seltener sind reinblaue Züchtungen oder primelgelbe. Das ist gut so. Der Flieder muß fliederfarben sein. Dann kann er einem waschechten Wiener wie dem Schauspieler Helmut Lohner zur Lieblingsblume werden.

Der Flieder reimt sich auf Glieder, Lieder, Mieder, nieder, wieder. Aber er steckt voller Ungereimtheiten. Warum Syringa, wenn sich doch die Nymphe Syrinx, vom göttlichen Pan verfolgt, in ihrer jungfräulichen Not in ein Schilfrohr verwandelte? Eine leichtere Frage: Warum hat Linné vor zweihundertfünfzig Jahren diesen türkischen Flieder den »spanischen« genannt? Weil geraume Zeit vor Busbecq die Araber den Lilak schon einmal nach Europa gebracht hatten, ums Jahr 900, als sie mit orientalischen Pflanzen und, dauerhaft, mit maurischer Architektur ihre Spuren in Spanien hinterließen.

Der Flieder reimt sich auch auf bieder. Flieder ist altmodisch. Wird ein Garten neu angelegt, steht Flieder nicht als erster auf dem Plan. Blüht aber ein alter Fliederstrauch im Vorgarten an der Straße, wird er spätestens in der Nacht vor dem Muttertag geplündert. Es sind nicht nur junge Biedermänner, die sich im Schutz der Dunkelheit an fremdem Eigentum vergreifen. Wir haben Frauen gesehen, die am helllichten Tag ungeniert zur Selbstversorgung schritten. Flieder reizt die räuberische Hand wie kaum ein anderes Gewächs. Damit er aber in der Vase nicht gleich zu welken beginnt, muß das Holz lang angeschnitten, das Laub abgestreift werden; Mimosa-Crysal ins Wasser, Grün vom Spierstrauch oder Schneeball dazu. In Marianne Beucherts gar nicht genug zu rühmendem Buch »Sträuße aus meinem Garten« (im Ulmer-Verlag) sind dem Flieder sechs Spalten gewidmet.

Im Garten blüht er länger und schöner. Und stellt keine Ansprüche. Die Sonne will er sehen. Doch der Boden mag sein, wie er will; Kalk schadet nicht. Gut genährt, mit Stallmist oder Blaukorn, steht der Flieder freilich besser da, als wenn er hungern muß. Manchmal wird empfohlen, den Strauch in jedem Jahr zurückzustutzen. Das macht der Erwerbsgärtner in der Blumenplantage. Wir schneiden nur die verblühten Rispen heraus.

Es hat lang gedauert, bis der Flieder von den Gärtnern als dankbares Objekt ihrer züchterischen Leidenschaft entdeckt wurde: Immer größer die Blüten, noch mehr Farben! Vom blassen Lila bis zum dunkelsten Violett, von Rosa bis Purpurrot, von Schneeweiß bis Himmelblau. Um das Jahr 1850 gab es erst zwei Dutzend Sorten. Dann nahm sich der Franzose Lemoine in Nancy den Flieder mit solcher Ausdauer vor, daß er schließlich zweihundertvierzehn Varianten in den Handel bringen konnte. Während der Belle Époque war der Flieder obenauf. Der Berliner Ludwig Späth hatte in den dreißiger Jahren noch hundertfünfzig verschiedene Flieder im Katalog. Heute ist die Qual der Wahl nicht mehr so groß. In dem dicken Buch der »Gartengehölze« von Andreas Bärtels findet sich jedoch neben einundzwanzig Sorten von Syringa vulgaris eine staunenswerte Reihe von chinesischen und koreanischen Arten, die Neugier wecken, zumal sie ihre Blüten anders darbieten, meist in bogigen Rispen. Auch amerikanische Flieder sind dabei, die Preston-Hybriden, die später blühen, mit besonders großen, nickenden Blütenständen.

Die Amerikaner haben, wie in den kalifornischen Weinkellern, auch in der Gartenkultur europäische Tradition aufgenommen und führen sie weiter, ja voran. Kein Wunder, daß jetzt die erste Monographie nach fünf fliederlosen Jahrzehnten von dem amerikanischen Theologen und Fliederforscher Fr. John L. Fiala stammt: »Lilacs« (Timber

Press, Portland, Oregon). Denn der Flieder kommt wieder. Er geht uns viel zu sehr zu Herzen. Und steigt duftend zu Kopf, wie der Holunder einst dem Hans Sachs. Wer achtet eigentlich auf die flüchtigen und die betäubenden Gerüche, wenn er durch den Garten geht? »Düfte treten Pedal in der Blumenmusik«, sagt der verewigte Gartendirigent Karl Foerster, von dem wir noch viel lernen können: Gartenlust ist auch Nasenlust. Hören wir aber erst einmal auf Jessye Norman, die raumfüllend Brahms-Lieder singt: »Meine Liebe ist grün wie der Fliederbusch.«

Der Rasen muß Schwung haben

Rasen oder Blumenwiese? Monokultur oder natürliche Vielfalt? Keine Frage! Die Wiese bitte jenseits des Zauns. Sie wächst von allein am besten. Im Garten aber den Rasen. Im Garten die Kunst. Ein Garten ohne Rasen, wäre das denn ein Garten? Der Graf von Bollstaedt, Dominikaner und Hochschullehrer, besser bekannt unter dem Namen Albertus Magnus, hat ums Jahr 1250 bei den Germanen nicht nur den Aristoteles bekannt zu machen gesucht. Er schrieb, wenn auch lateinisch, den immergültigen Satz: »Nichts erquickt das Auge so sehr wie feines, nicht zu hohes Gras.« Und er gab, in dem Essay »De vegetabilis«, auch Ratschläge, wie solch ein Rasen anzulegen sei, wie mit kochendem Wasser die Wurzelunkräuter bekämpft, wie die Graspolster eingepflanzt und festgedrückt werden. »Rezept für einen Lustgarten« heißt das einschlägige Kapitel.

Wir haben es leichter mit der Gartenlust und dem feinen, nicht zu hohen Gras. Aber noch schwer genug. Vor allem dann, wenn der Rasen nicht bloß eine Grünfläche sein soll, die genau besehen aus Grobgräsern und Unkräutern besteht. Wem die richtige Samenmischung zu teuer war, wird nie einen feinen Rasen haben. Wer sich nicht bückt, wer nicht zweimal in der Woche Hirtentäschel und Wegerich, Ehrenpreis und Vogelmiere auszupft, bevor sie recht sichtbar werden, wird nie einen sauberen Rasen haben. Wer seine Gräser mit Unkrautvernichtern strapaziert, wird keinen guten Rasen haben. Wer beim Düngen spart, wird keinen kräftigen Rasen haben. Wer immer nur mineralisch düngt, wird keinen gesunden Rasen haben. Wer immer erst samstags mäht, wird keinen befriedigenden Rasen haben. Wer den Mäher allemal in denselben Bahnen fahren läßt, wird keinen vollendeten Rasen haben. Wer nur einmal im Frühjahr vertikutiert, wer nicht immer wieder kehrt und recht, wird keinen gepflegten Rasen haben. Wer beim Einschalten des Sprengers an das hohe Wassergeld denkt, wird keinen bewundernswerten Rasen haben. Wer Feuchtigkeit erst spendet, wenn es schon vierzehn Tage trocken war, wird keinen makellosen Rasen haben. Wer nicht gründlich wässert, nur für ein Viertelstündchen die Oberfläche näßt, wird keinen starken Rasen haben. Wer im Hochsommer englisch kurz schneidet, wird keinen englischen Rasen haben. Wer den Säurewert seines Bodens nicht überprüft und nötigenfalls Kalk streut, wird keinen schönen Rasen haben. Wer Mitleid mit den Ameisen hat, wird gelbe Flecken in seinem grünen Teppich haben. Wer unter Bäumen nicht doppelt düngt und dreifach gießt, wird störende Baumscheiben oder kahle Stellen haben. Wer die Mühe scheut, einmal im Jahr abzusanden, ein Topdressing zu veranstalten, wird keinen dichten Rasen haben. Wer seinen Rasen nicht liebt, wer sich nicht gelegentlich rücklings aufs Gras legt, den Wolken und den Schwalben zuzusehen, wird niemals einen beglückenden Rasen haben.

Wer allerdings nicht walzt, tut gut daran. Vor allem, wenn er auf Lehm gebaut hat. Die meisten Böden sind nach kurzer Zeit sowieso schon zu dicht. Deshalb ist fast überall das Gegenteil richtig: Der Rasen muß aerifiziert, gelüftet werden. Mit einer Hohlzinkengabel

werden fingerlange Erdkerne ausgestochen. In die Löcher wird Sand gekehrt oder eine Mischung aus Sand und Torf, weil sie sich sonst doch binnen kurzem wieder schließen. Rasenwurzeln brauchen Sauerstoff.

In diesem Sommer kamen Scharen von Staren, die mit spitzem Schnabel den Rasen lüfteten, Löcher hackten. Warum? Sie hatten es auf die Larven der Wiesenschnake abgesehen. Wer Schnaken hat und keine Stare, muß abends kräftig wässern, mit nassen Säcken abdecken und morgens die Larven aufsammeln. Sie sehen aus wie Engerlinge, genauso groß und fett, aber grau. Als wir ein Rasenpolster abhoben, fanden wir sechzig Larven auf einem Quadratmeter. Sie nähren sich von den Graswurzeln. Und das sieht man dem geschwächten, gelbfleckigen Rasen auch an; nur rätseln die meisten vergebens, woher der Schaden rührt. Zu allem anderen verlangt der Rasen nach Wissenschaft. Drei Bücher genügen. Eigentlich sind es nur zwei, das dritte ist zur Belohnung. Zuerst: David Pycraft, »Rasen und bodendeckende Gewächse« (Otto Maier, Ravensburg). Zusätzlich und fachlich: Frank Hope, »Rasen« (Eugen Ulmer, Stuttgart). Drittens und überhaupt: »Das Wisley-Gartenbuch« (ebenfalls bei Ulmer), ein englisches Gartenkompendium von fast fünfhundert Seiten, ein Lesebuch, das man nie ganz ausstudieren kann; das Rasenkapitel ist kurz und komprimiert, aber wieder von Pycraft. Über Rasenmäher sagen die Bücher wenig. Oft muß gemäht werden, viel öfter. Der Rasenmäher selber ist gar nicht so entscheidend fürs erstklassige Green. Eigentlich müßte es natürlich ein Spindelmäher sein. Er schneidet die Halme mit Messern. Der Sichelmäher köpft sie, allerdings fast ebenso sauber, wenn er in Schwung ist.

Daß aber der Rasen Schwung hat, ist viel wichtiger, daß er nicht rechtwinklig angelegt wird mit schnurgerader Begrenzung, vielleicht noch von Platten gesäumt. Soll das feine Gras eine Augenweide sein, so darf schon die Fläche in sanften Wellen schwingen, an den Rändern muß sie sich in Buchten verlieren, unter überhängendem Gezweig. Doch dafür ist die übliche Mähmaschine nicht gemacht, die geradeaus fährt und den Rasen rädert. Dafür ist der Luftkissenmäher gut. Der schwebt und rutscht in jede Richtung, unter jeden Busch, in jeden Winkel, über jeden Buckel. Der Luftkissenmäher ist das Ei des Kolumbus. Komisch, daß sich gar so viele Rasenbesitzer noch anders behelfen. Manche machen in ihrer Not sogar den Rasen zur Wiese.

Rhabarber verlangt nach Wein

Noch warm schmeckt das Rhabarberkompott am besten, falls es nicht mit Wasser gekocht, sondern bei milder Hitze in einer fruchtigen Spätlese geköchelt wurde, von der die Hausfrauen und besonders ihre Männer meinen würden, sie sei zu teuer für die Verwendung am Herd. Andersherum ist es richtig, für billigen Wein ist der reife Rhabarberstengel zu schade. Es gilt immer dasselbe Gesetz, in der Küche wie im Garten wie am Schreibtisch: Ohne gute Zutat kein gutes Ergebnis. – Lauwarm wird auch der Rhabarberkuchen gegessen, falls das Gemüse, Rhabarber ist Gemüse, nicht grämlich in einem Hefeteig steckt, sondern auf Mürbteig gebettet wurde. Bevor dazu die Flasche Pinot d'Alsace geöffnet wird, eine füllige Réserve aus einem guten Jahr, die der nervösen Säure des Rhabarbers ihre sanfte Kraft entgegenstellt, bevor wir uns zu Tische setzen, gehn wir in den Garten.

Zwei Pflanzen waren schon im Februar mit einer Warmhaltepackung aus Laub, Mist und wachsender Folie versehen worden, damit sie möglichst bald ihre kleinen knittrigen Blätter auf breiten, kantigen Stielen zu Elefantenohren entfalten. Die anderen beiden Stöcke bleiben ungeschützt den frostigen Launen des Frühlings ausgesetzt. Sie schießen viel später ins Kraut und liefern ihre Mineralstoffe, ihr Vita-

min C und Provitamin A, die erfrischenden Apfel- und Oxalsäuren bis in den Sommer hinein.

Daß der Rhabarber der Verdauung förderlich ist, wußten die Chinesen schon vor viertausend Jahren. Sie trockneten die Wurzelknollen für ein Magenpulver, und tun es noch heute, auch um den Präparaten der europäischen Pharma-Industrie die Substanz zu liefern. Vormals hatte die russische Krone das Monopol für den Ost-West-Handel mit diesem Abführmittel: Der moskowitische oder Kronrhabarber wurde über die Seidenstraße aus den Gebirgen Asiens importiert und war, wie es scheint, im feineren Hauswesen des deutschen Bürgertums ganz selbstverständlich im Gebrauch. Das Grimmsche Wörterbuch zitiert Wieland: »Wenn er zu lange versäumt hatte, Rhabarber zu nehmen…« In die deutschen Gärten gelangte der Rhabarber erst im vergangenen Jahrhundert, als Zierpflanze, als eine Art Herkulesstaude. Es muß der Medizinal-Rhabarber gewesen sein, Rheum palmatum, dessen zwei bis drei Meter hohe, rotblühende Subspecies tanguticum noch immer als prächtigste unter den Zierrhabarbern gilt. Es dauerte eine Weile, bis sich, von England und Frankreich her, die wahre Bestimmung des Knöterichgewächses herumsprach, bis der krause Rhabarber, Rheum undulatum, seinen Siegeszug in der Frühlingsküche antrat. Ein Appetitlexikon der wilhelminischen Zeit meldet: »In Brüssel nahmen die Gemüsegärtner den Rhabarberanbau im Jahre 1826 auf; am Rhein (Düsseldorf) zieht man die Pflanzen seit 1880, und in Dessau kam sie zuerst 1894 auf den Markt.« Karl Friedrich Rumohr, der die zweite Auflage des »Geists der Kochkunst« 1832 zum Druck gab, handelt von Kohl und Rüben, Pastinaken, Lattich, Sauerampfer – den Rhabarber hat er noch nicht gekannt. Eugen von Vaerst erwähnt den Rhabarber 1851 in der »Gastrosophie oder Lehre von den Freuden der Tafel« nur als eine britische Absonderlichkeit. Erst die Notzeiten dieses Jahrhunderts ließen den grünen Riesen unter den Küchenfenstern richtig Fuß fassen. Nach dem Krieg haben wir das Rhabarberkompott zum Grießbrei gegessen, natürlich in Wasser zerkocht. Auch am Zukker mußte gespart werden, so daß die Zähne stumpf wurden und die Löcher in den Wollstrümpfen sich nur so zusammenzogen.

Drei oder vier Grundregeln hat der Rhabarbergärtner in Krieg und Frieden zu beachten. Die gekaufte oder von einer älteren Pflanze abgestochene Knolle wird in tief gelockerte, mit viel halbgarem Kompost und organischem Dünger angereicherte Erde gelegt, allerdings nur knapp unter die Oberfläche. Ideal ist ein feuchter Platz in der Sonne, doch den Halbschatten unterm Apfelbaum nimmt der Rhabarber klaglos hin. Im zweiten Sommer kann schon vorsichtig geerntet werden. Die Blattstiele werden mit einer drehenden, ruckartigen Bewegung vom Wurzelhals gelöst, auch bei ausgewachsenen Pflanzen nie mehr als drei oder vier pro Woche; vor allem werden jene Stiele sofort entfernt, an denen sich der dicke Blütenknüppel zeigt. Das Blühen schwächt, der Samen ist kaum brauchbar. Von Ende Juni an wird der Stock geschont, nicht so sehr deshalb, weil die Stiele nun holzig werden, sondern weil die Pflanze Rücklagen schaffen muß fürs nächste Jahr. Der Rhabarber ist ein Starkzehrer, zu deutsch, er will von März bis Juli gedüngt und in trockenen Wochen gewässert werden. Das Wasser muß aber abziehen können. Staunässe läßt die Wurzelrhizome faulen. Ins einzelne gehende Fragen beantwortet »Der Nutzgarten« von Hermann Link und Winfried Titze (Ulmer-Verlag). Die beliebteste Sorte ist das »Holsteiner Blut«, andere heißen »Elmsjubiläum«, »Rotstielige Victoria«. Der grünfleischige Rhabarber ist schön sauer, der rotfleischige macht, dem Auge zumindest, einen milderen Eindruck.

Vor Zeiten haben die Griechen der Pflanze den Namen gegeben. Rhabarber, Wurzel der Barbaren, der unverständlich Redenden. Rhabarber, Rhabarber! rufen die Kinder, wenn ihnen das Gerede der Erwachsenen gar zu komisch klingt. Rhabarber, Rhabarber!, wenn der Vater im Sessel den Leitartikel liest.

Für die Küche gibt es verständliche und weniger verständliche Rezepte. Kalte Rhabarbersuppe, warme Rhabarbersauce zum Kabeljau, Rhabarbergemüse zur Schweinelende, Rhabarber im Omelette, Rhabarbersorbet. Die Krönung aller Experimente ist der elsässische Rhabarberkuchen, der goldgelb in Willsbergers Gourmet-Magazin dampft. Der geht so: Dicke, reife Stiele von zwei Kilogramm einer rotfleischigen Sorte schälen, in kleine Würfel schneiden. Mit dreihundert Gramm Zucker über Nacht stehenlassen. Eine Backform mit Mürbteig auslegen, die abgetropften Rhabarberwürfel auf dem Teig verteilen und eine gute halbe Stunde bei zweihundert Grad backen. Drei Eigelb mit drei Eßlöffeln Zucker aufschlagen und einem Achtelliter Sahne oder Crème fraîche mischen. Auf den vorgebackenen Kuchen gießen und noch mal zehn Minuten in den Ofen schieben. Kurz ruhen lassen. Warm auf den Tisch. Der süße Wein dazu muß kalt sein.

Es grünt das Kleine Immergrün

Auch das einfache Leben hat seine unvergeßlichen Stunden. Im Gedächtnis wird noch lang ein Johannisbeer-Sorbet nachglühen, mit dem der Graf Montgelas an einem warmen Maitag seine Besucher empfing, bevor er sie durch den Garten führte, über die Haupt- und Nebenbühnen seines Rhododendrontheaters. Das Sorbet als Vorspiel, das lodernde Buschwerk die eigentliche Show, ein barockes Kulissendrama. Dramma per colore. Vivaldi. Ein Schuß Händel dabei. Die eigentliche Sensation des Nachmittags aber waren die Zwischenakte, Mozart, das Filigrane zwischen den Büschen, unter den alten Bäumen. Nicht nur Farn und Efeu deckten den Boden, nicht nur das kaum weniger schattenverträgliche Dickmännchen, das deswegen auch Schattengrün heißt. Es blühten die Elfenblume und der Storchschnabel, es stand blühbereit, Kopf an Kopf, das Heer des kanadischen Hartriegels, es kroch und wucherte das Pfennigkraut. Und dann das Kleine Immergrün. Keine Gräser, kein Moos und doch lauter Lichtungen, schwellende Waldwiesen.

Die Elfenblume ausgenommen, hatten wir diese Schattenpflanzen damals auch schon alle im eigenen Garten. Warum also die Aufregung? Wir hatten da ein Fleckchen, dort ein Deckchen, hier ein Kissen, da einen Saum. Beim Grafen summierten sich die Polster zum Teppich, zur wogenden Fläche. Die fließende Weite. Die Macht der großen Zahl. Da stockt der Atem. Der Graf aber bückte sich, warf einen abgefallenen Ast unters Gebüsch, wo das Holz allmählich verrotten soll. Und er machte Anmerkungen zu dieser Pflanze und zu jener, Andeutungen von Umbauten, von schweißtreibender Kulissenschieberei. Rudolf Borchardt schrieb im Rückblick auf eine verlorene Kultur, die Gartenkultur der Renaissance, die sich fortsetzte bis zum Fürsten Pückler, aber dann kaum noch über ihn hinaus: »Der selbstgepflegte und selbstbestimmte, ständig sich erneuernde und vermehrende Garten gehörte zum höheren Leben wie die Bibliothek und die Sammlung von Stichen und Drucken. Man war nichts, wenn man nicht auch hier Kenner war.«

Zurückgekehrt in unsere kleinen Verhältnisse, waren wir nicht so neidvoll und deprimiert, wie es natürlich gewesen wäre; wir hatten einiges an Kenntnis und Erkenntnis gewonnen. Im allgemeinen: Garten ist Luxus, Spielerei, Traumbild. Im besonderen: Der Garten führt unter freiem Himmel die Räume des Hauses weiter, das er umgibt. Der Garten folgt dem Haus. Wenn freilich dort der Steinfußboden gut ist, Terracotta bis in den letzten Winkel, Teppich nur als Läufer oder Akzent, so ist es im Garten umgekehrt. Der Garten mag den blanken Boden nicht. Der Garten, sei er noch so klein, braucht Teppiche. Zuerst den Rasenteppich. Nichts geht über die stillende Wirkung eines gepflegten Rasens. Doch der Rasen kümmert, franst und

vermoost, wo es zu feucht ist und zu dunkel. Dort haben die teppich-bildenden Stauden und Zwerggehölze ihre Chance und die Aufgabe, das Erdreich zu beschatten und lebendig zu halten: Schattengare heißt das Stichwort. Die dichtgewebte Pflanzendecke hält das Mikro-leben auch an der Erdoberfläche in Gang, befördert den Stoffwechsel. Sie weckt den toten Boden wie ein Liebesbrief unsere abgestorbenen Gefühle oder wie ein Glas Lebenswasser das müde Hirn. Ein irischer Whiskey wärmt Kopf und Magen, falls kein bayerischer Bärwurz zur Hand ist.

Unsere Vorfahren, denen die alkoholischen Tröstungen noch nicht in solch angenehmen Formen zur Verfügung standen, behalfen sich mit einem Sud aus den ledrigen Blättern des Immergrüns. Der Kräu-terkundler Hieronymus Bock empfahl im sechzehnten Jahrhundert: »Ingrünkraut im Wein gesotten und getrunken / stillet das Grimmen im Leib / stillet und stopfet allen Bauchfluss / auch den Weibern ihre Blödigkeit / das Kraut frisch zerstossen / auf die Scheitel gelegt / und um den Hals / wehret dem Nasenbluten.« In der neueren Arzneiwis-senschaft spielen das Vincamin und andere Alkaloide von Vinca minor, so heißt das Kleine Immergrün, auch noch eine bemerkenswerte Rolle, bei Durchfall zum Beispiel oder bei Gedächtnisschwäche. Wir bedienen uns der zauberhaften Pflanze dennoch nur im Garten für den dunkelgrünen Teppich, der schon zu Ostern mit himmelblauen Sternen bestickt ist.

Das Immergrün plustert sich im nahrhaften Gartenboden, der mit Laubhumus oder Komposterde dem natürlichen Stand im Wald an-geglichen wird. Es wirft, wie die Erdbeeren, Ranken aus, die sich an ihren Enden bewurzeln. Eine locker bepflanzte Fläche schließt sich schon im zweiten Jahr. Während die kräftigen Schöpfe des Immer-grüns zu einer hochflorigen Decke zusammenrücken, bildet unser an-derer Favorit, das Pfennigkraut, mit kriechenden Ausläufern eine kaum mehr als fingerdicke Matte. Die gelben Blütensterne leuchten erst im späten Frühling, wenn die blauen des Immergrüns allmählich verblassen und dann über den Sommer hin nur noch einzeln blinken. Das Pfennigkraut, Lysimachia nummuralia, braucht noch mehr den feuchten, fetten Grund. Es überzieht allerdings auch eine nach Süden geneigte Geröllhalde, auf die stundenlang die Mittagssonne brennt; offenbar finden die Wurzeln unter den faustgroßen Kieseln noch in Trockenzeiten genug lebensnotwendige Frische.

Beide Schattenblumen, Lysimachia und Vinca, halten der Sonne stand. Schutzbedürftig sind sie gegenüber dem aggressiven Bruder, dem Efeu. Der überwächst und verschluckt die zarteren Schattengeschwister. Efeu nur für die problematischen Winkel, das Dickmännchen für Baumscheiben, den Kanada-Hartriegel dort, wo der Boden für Azaleen und Rhododendren sowieso moorig gehalten wird. Das Gartenwesen wird von Gefühlen gelenkt, es ist jedoch nicht die vergebens imitierte Natur, es ist die herzhaft berechnende Gartenkunst, die schließlich gute Laune macht. Das Immergrün steht auch im Winter prachtvoll im Laub.

Jean Paul spricht vom Immergrün unserer Gefühle, obwohl die doch so unbeständig sind. Das Wörterbuch der Blumensprache übersetzt die Botschaft des Immergrüns mit dem tapferen Satz: Ich schwöre dir ewige Treue! Es wäre ein leichtfertiges Versprechen, wenn es vom Gärtner käme. Treue ist seine Stärke nicht, sie kann es nicht sein. Die Gartenbühne wandelt sich, die Akteure wechseln, der Regisseur wird klüger. Der Garten ist immer in Bewegung, wie die Bibliothek, die nicht nur wächst, sondern das Hinfällige wieder abstößt. Das Kleine Immergrün mit den blauen Augen wird seinen Platz behalten. Im Schatten, aber leuchtend.

Die kaiserliche Päonie

Wenn wir ins Elsaß fahren, in Colmar sind, gibt es Pflichtstationen. Zuerst draußen in Kientzheim den Weinkeller der Brüder Blanck, nebenan in Kaysersberg die Cuvées der Madame Faller. In der Altstadt dann das Restaurant Au Fer Rouge. Später, sofern nicht geschlossen oder überfüllt, das Unterlinden-Museum mit Grünewalds Isenheimer Altar, auf dem der Apostel Johannes unterm Kreuz den langen Zeigefinger streckt: Siehe, das ist Gottes Lamm. Doch das sind Glaubenssachen. Der Gärtner schaut auf die Innentafeln des monumentalen Klappwerks, wo Maria im sehr roten Gewand vor sehr roten Rosen sitzt. Noch leuchtender hat Martin Schongauer das Rot der Rosen und das Rot der faltenreichen Gewandung von der milchweißen Haut der Himmelskönigin abgehoben: Maria im Rosenhag, die Attraktion der Martinskirche. Vor dem Rosenspalier des Hintergrunds neigt sich, Steigerung all dieser frommen Prachtentfaltung, eine erblühte Pfingstrose dem Betrachter entgegen. Die Pfingstrose ist die schönste aller Rosen. Eine Rose ohne Dornen, eine Rose ohne Scham. Wie ungeniert sie die Narbe im Kranz der goldenen Staubfäden zur Schau stellt.

Sie war also, die kaiserliche Päonie aus dem alten Reich des Himmelssohns, schon im fünfzehnten Jahrhundert nach Europa gelangt. Vielleicht noch nicht in die Bauerngärten, aber auf die Altäre, die ja aufs schönste zu spiegeln pflegen, was gerade zeitgemäß war oder bei den Malern und ihren Auftraggebern in Mode kam.

Halt. Da geraten wir auf ein falsches Gleis. Nicht alle besonders feinen Blumen sind – wie die Rhododendren und Kamelien – erst in diesem Jahrtausend oder gar vor wenigen Generationen aus dem Fernen Osten gekommen. Die Vermutung, daß die Päonie schon vor zweitausend Jahren in China gepflegt und gezüchtet, bewundert, begehrt

und teuer gehandelt wurde, als die Nachfahren des Neandertalers in den deutschen Wäldern noch auf Bärenjagd gingen, ist zwar richtig – und viele von den schönsten chinesischen und japanischen Pfingstrosen erreichten wirklich erst in der Mitte des neunzehnten Jahrhunderts die Gärten europäischer Pflanzensammler. Doch Schongauer hat kein exotisches Gewächs gemalt, keine kaiserliche Konkubine, sondern eine Eingeborene, die am nördlichen Saum des Mittelmeers seit Menschengedenken heimische Paeonia officinalis, aus deren Familie die Bauernrose stammt. Im Mittelalter nahm sie ihren Weg nach Norden zuerst durch die Klostergärten, bevor sie ihren Platz als Festtagsblume zwischen Kohl und Karotten fand. Diese bäuerliche Päonie kennt jeder, glaubt sie zu kennen: Wir haben eine konventionelle Vorstellung und darum eine konventionelle Abneigung gegen die Landfrauenblume, diese allzu üppige Schöne mit dem Odeur vom Kuhstall, diese allzu auffällig herausgeputzte Rotbackigkeit, gegen diesen fleischigen Busch mit den schweren, nicht nur im Regen vornübergeneigten purpurnen Blütenkugeln.

Solch eine dicke Bauernrose steht, ein Geschenk zum Einzug, seit vielen Jahren am Rand des Gemüsebeets; sie wurde gelegentlich mit Kompost versorgt, in heißen Sommern gewässert, im Winter mit Laub und Reisig geschützt, aber mehr geduldet als geachtet. Erst seitdem, wieder durch Schenkung, eine japanische Strauchpäonie dazugekommen ist, seit uns die Paeonia suffruticosa Godaishu die Augen geöffnet hat für das Pfingstrosenwunder, schlägt der Widerwille allmählich in Bewunderung um.

In China war die Päonie die Blume schlechthin, von der Kaiserin Wu mit einem Adelstitel versehen: »Dame des Staates Wei, Zierde des Kaiserreichs und Schönste im Land«, Symbol des Frühlings und des Reichtums, ein Gleichnis für das Anbetungswürdige und für allerhöchste Aufmerksamkeit. »Weißes Gewand, zerknittert vom Sohn des Himmels« ist einer der sprechenden Namen für eine Sorte, die sich der Hauptfarbe Rot entzieht. Marianne Beuchert hat in den »Gärten Chinas« (Diederichs Verlag) ein langes und farbiges Kapitel über die chinesische Päonienverehrung geschrieben, mit Hinweisen auf die historische Praxis, auch auf die Preise, die dort einst für eine Veredlung gezahlt wurden, fünftausend Käsch für Yaos Gelbe, das entsprach etwa dem Jahresumsatz eines kleinen Händlers in Peking.

In Europa wurde die Pfingstrose natürlich auch geschätzt und geliebt, nicht nur auf Marienbildern und in Bauerngärten. Eichendorff hebt sein Gedicht vom alten Garten mit den Zeilen an: »Kaiserkron und Päonien rot, die müssen verzaubert sein.« Zur Modeblume wie die Tulpe, Nelke, Kamelie oder Dahlie brachte sie es jedoch nie. Das mag mit ihrem bäuerlichen Ruch zusammenhängen, hat aber wahrscheinlich ganz handfeste Gründe. Die Päonie ist keine rasch verfügbare Geliebte. Sie stellt den Gärtner auf eine harte Geduldsprobe. Es kann viele Jahre dauern, bis sie sich an ihrem Ort eingerichtet hat und endlich blühen mag. Ihr Platz ist windgeschützt, sonnig, der Boden eher lehmig schwer, doch durchlässig, feucht, aber nicht naß. Nahrhaft. Der Dünger soll magnesiumhaltig sein. Reife Komposterde ist gut, frischer Stallmist ist Gift. Sie will nicht bedrängt werden von anderen Sträuchern. Dem Gärtner, der dauernd umpflanzt, wird sie keine Freude machen.

Das gilt für die eine wie die andere, für die Staudenpäonie wie die Strauchpäonie. Die Stauden stehen nach der Blüte über den Sommer hin schön im Laub, Blätter und Stengel sterben aber im Spätherbst ab, erst im April treibt der Wurzelstock wieder aus. Die Bauernrose (officinalis) ist eine Staude, auch die fernöstliche Edelpäonie (lactiflora) und ihre ungezählten Abkömmlinge, in vielen Schattierungen von Rot, Rosa, Gelb und Weiß, für deren Nachschub heute nicht mehr so sehr holländische oder Berliner Züchter sorgen als Gärtner in Amerika wie zum Beispiel Gilbert H. Wild in Sarcoxie, Missouri.

Strauchpäonien (suffruticosa) hingegen verholzen und bilden im Lauf der Jahre einen lockeren Busch, anderthalb bis zwei Meter hoch, dessen fingerdickes Gezweig auch harte Winter ohne Schutz übersteht. Staudenpäonien werden flach gepflanzt, doch Strauchpäonien müssen tief in die Erde gesenkt werden, damit sie über der Veredlungsstelle bald eigene Wurzeln bilden. Die Blüten der Strauchpäonie sind, wie bei unserer Godaishu, oft fast tellergroß und doch so zart und duftig, daß der erste Blick in dieses seidige Geflitter erkennt und versteht, warum den Chinesen diese Blume des Glücks auch das Inbild des Mädchenhaften war.

Über den grünen Klee

Komm zu mir in Garten, / komm zu mir in Klee«, lockt der Liebhaber sein Mädchen in einem Odenwälder Volkslied. Klee klingt so unschuldig frisch. Klee klingt auch poetisch. Der Klee hat Tradition bei den Sängern seit der mittelhochdeutschen Minnelyrik. Damals war der Klee Inbegriff des Lebens, wenn nicht der Liebe. »›Du bist kurzer, ich bin langer‹, / alsô strîtents ûf dem anger / bluomen unde klê«: Walther von der Vogelweide sucht einem Mädchen klarzumachen, daß es Mai geworden sei. Der Klee ist ihm das saftige Unterfutter des Frühlings. Später, als ihm nicht so sehr der Minnedienst, aber das Leben als fahrender Spielmann beschwerlich wird, als er Friedrich den Zweiten um ein Lehen bittet, denkt er mit Neid an jene, die den eigenen Hof schon genießen: »Sô mac der wirt baz singen von dem grünen klê.« Der Klee diesmal als Unterfutter eines bescheidenen Wohlstands. Das ist der Klee als Futterpflanze in der Landwirtschaft, der Klee als solcher. Er heißt vor allem Rotklee, Trifolium pratense. Er wird in Deutschland seit dem elften Jahrhundert als Nutzpflanze angebaut. Er hat so viele Verwandte, daß ein Pflanzenlexikon allein sie gar nicht aufzuführen vermag.

»Komm zu mir in Garten«: Auch wir entdecken immer wieder Klee im Garten, sind aber gar nicht glücklich darüber. Denn das ist nun der Steinklee oder Weißklee, Trifolium repens, der kriechende. Er ist unempfindlich gegen Tritte von oben und verdichteten Boden unten, darum breitet er sich störend vor allem im Rasen aus. Besonders, wenn wir es gut mit den Gräsern meinen und dem Wurzelwachstum zuliebe mehr Phosphor in der Düngermischung haben. Dann wuchert der Weißklee um so mehr. Der Odenwälder Sänger kannte unseren Teppichrasen nicht, sondern nur die Kräuter-Wiese in der Art des Dürerschen Rasenstücks.

Der Wiese im Garten wird heute von vielen wieder der Vorzug gegeben: weil sie so natürlich ist. Rasen sei wider die Natur, geradezu pervers, er kann ja nur durch unentwegtes Mähen und Düngen am Leben gehalten werden. Die Verächter des Rasens sehen über seinen entscheidenden Vorzug hinweg: daß er begehbar, bespielbar, ja bewohnbar ist. Und sie übersehen, daß auch die Wiese ein Kunstprodukt ist: Wo nicht Weidetiere gehalten werden, wo nicht die Sense saust, die Mähmaschine fährt, kommen binnen kurzem Sträucher und Bäume hoch. Wo der Mensch nicht ist, breitet sich der Urwald aus.

Im Wald, wo er am dunkelsten ist, finden wir den Klee, der uns auch im Garten lieb ist, wenngleich er gar nicht als Klee gelten darf, denn er ist ein Storchschnabelgewächs mit kleeähnlichen Blättern: der Sauerklee, Oxalis acetosella. Der Volksmund gab ihm Namen wie Hasenkohl und Kuckucksbrot. Man nennt ihn auch Kleesalzkraut. Wegen seines hohen Oxalsäuregehalts wird er in der homöopathischen Medizin bei Stoffwechselstörungen verwendet, früher diente er als Abführmittel: zwei Blätter auf eine Tasse, mit Honig gesüßt. Als Beigabe zu Salaten, Suppen und Saucen kommt der Sauerklee jetzt viel-

leicht wieder in Mode. Doch bitte nicht in größeren Mengen, sonst setzt es Nierensteine.

Nicht wegen seines sauren Charakters wird der Sauerklee von der Staudengärtnerei im Sortiment geführt, sondern wegen seines reizvollen Bildes als Bodendecker für schattige Plätze und ganz finstere Ecken. Bevor der unverwüstliche Efeu und das ausdauernde Immergrün seinen Platz eroberten, war der Sauerklee auf dem Friedhof beliebt. Wenn wir die Redensart benutzen, jemand werde über den grünen Klee gelobt, könnten wir meinen, es stehe der Futterklee dahinter, der selber schon so etwas wie ein Superlativ war. Der Spruch hat aber vermutlich einen ganz anderen Hintergrund: De mortuis nil nisi bene. Jemanden über den grünen Klee loben, hieß wohl zuerst einmal: von einem Toten reden, übers Grab hinaus, also nur Gutes.

Nur das Beste wurde allen dreiblättrigen Kleearten von unseren Voreltern nachgesagt, sofern ein Stiel ausnahmsweise vier Herzblätter ansetzte. Der Finder werde Glück haben oder gegen Zauberei geschützt sein oder selber magische Kräfte entwickeln. Was die Glückssucher, die heute noch abergläubisch beim Spaziergang am Feldweg nach dem Vierklee Ausschau halten, jedoch nicht wissen: Der Vierblättrige zeigt nur Wirkung, wenn er ungesucht gefunden wird. Er darf auch nicht gepflückt werden: »Selig das Auge, das ihn sieht, verflucht die Hand, die ihn bricht.«

Es gibt einen Glücksklee, Oxalis deppei, der so eindrucksvoll vierblättrig ist, daß bis jetzt keine begehrliche Hand sich nach ihm zu strecken wagte. Er steht sommers auf der Terrasse in einem weiten mexikanischen Tongefäß, denn seine Heimat ist das nördliche Mittelamerika. Irgendwann zu Silvester war er in einem winzigen Topf ins Haus gekommen, mit nicht mehr als zwei Blättern. Nun hat er sich über die Jahre zum Sommergebüsch entwickelt. Die vier Herzblätter auf hohem Stengel sind innen braunpurpurn und außen leuchtend grün. Im Mai und Juni hebt er lachsrote Blüten über den Blätterwald hinaus. In den ersten kalten Herbstnächten stirbt er ab, dann überwintert er samt dem Gefäß im Keller. Nach den Eisheiligen treiben die Rhizomzwiebeln aber noch mächtiger wieder aus.

Eine wunderliche Eigenart hat der Mexikaner mit unserem heimischen Sauerklee gemeinsam: Am Abend faltet er die Blätter in Schlafstellung. Warum? Die botanische Wissenschaft vermutet, daß die auf der Blattunterseite sitzenden Spaltöffnungen, die Atemorgane, gegen Tau geschützt werden sollen. Er faltet die Blätter allerdings auch, wenn es regnet, und manchmal schon an heißen Nachmittagen, wenn die Sonne allzu stechend brennt. Das ist dann ein Signal für uns. Geht der Glücksklee schlafen, darf auch die Gartenarbeit ruhen.

Vom Lorbeer und der Lorbeerkirsche

Unter der Rinde, der neuen, erspürt er noch immer des Herzens / Flatternden Schlag. Da umschlingt er die Zweige wie Glieder mit seinen / Armen und küßt das Holz, das noch jetzt vor den Küssen zurückbebt.« Apoll, der himmlische Jüngling, umarmt einen Baum. Eben noch hat er Daphne, die jungfräuliche Nymphe, hitzig verfolgt. Sie entzog sich dem Zudringlichen, indem sie fliehenden Fußes von den Göttern Verwandlung erflehte. Doch Apoll resigniert nicht: »Weil es verwehrt ist, daß du Gattin mir werdest, / Sollst du doch als Baum mir gehören: Für immer / wirst du, o Lorbeer, das Haar, die Leier mir schmücken.« Ovid, Metamorphosen. Erstes Buch.

Die Liebe zum Lorbeer, Laurus nobilis, vereint Sänger und Dichter, Köche und Gärtner. Erst hat man nur den Siegern in Olympia den Lorbeer um die Stirn gelegt, später wurden auch Poeten zu Laureaten. Denn die Schriftstellerei ist eine sportliche Disziplin, bei der

die Ausdauer belohnt wird. Kuß der Muse? Ritt auf dem Pegasus? Ach was! Aufs Sitzfleisch kommt es an.

Die gleiche geduldige Bemühung beim Gärtner, beim Koch. Der eine gibt zwei Lorbeerblätter zum Osso buco und wartet drei Stunden oder vier, bis das Kalb, sacht köchelnd im Gemüsesud, immer noch zart, aber gar ist. Der andere nimmt zwei Stecklinge und pflegt die Heranwachsenden im Topf und später im Kübel zwölf Jahre und länger, bis die Lorbeerbäumchen ansehnlich genug sind, als Blickfang auf der Terrasse zu dienen oder, der imperiale Gestus, als Türsteher am Hauseingang: Der römische Senat verlieh einst dem princeps Augustus das Ehrenrecht, beiderseits der Tür je einen Lorbeerbusch aufzustellen. Draußen im Garten werden wir uns den frostempfindlichen Lorbeer erst leisten, wenn wir auf den Alterssitz in Italien oder in der Provence übergewechselt sind. Dem Gott ward Lorbeer zum Lohn verlorner Liebesmüh, uns soll er Siegeszeichen sein.

Einstweilen muß der Kirschlorbeer genügen, der Strauch von ähnlichem Wuchs mit dem ebenso ledrigen Laub, das mitteleuropäischen Wintern gewachsen ist, solange die nicht gar zu grimmig sind. Kirschlorbeer? Das ist die gängige, falsche Bezeichnung. Die Pflanze heißt Prunus laurocerasus, also Lorbeerkirsche. Sie dient apollinischen Gemütern nördlich der Alpen als Lorbeer-Ersatz, hat mit dem Lorbeer aber nur Äußerlichkeiten gemein, man ist nicht verwandt, weder verschwistert noch verschwägert. Die Blätter sind auch immergrün, doch nicht für den Kochtopf, nur für die Vase geeignet. An ihren Blüten sollt ihr sie erkennen! Die sind weiß, kirschblütenweiß; der mediterrane Lorbeer Apolls blüht gelb.

Die Lorbeerkirsche könnte die Gärtnerstirn umranken, als Hecke oder mit wuchtigen Büschen bekränzt sie das Haus und den Garten. Lorbeerkirschen stehen im Park prachtvoll für sich oder geben einem kleinen dunklen Vorgarten freundliche Statur, vor allem sind sie jedoch Kulissensträucher, Hintergrundgewächse, sind der ausdauernd grüne Paravent für farbige Staudenfröhlichkeit. Anfang Mai, wenn am Boden noch nicht gar so viel blüht, steckt die Lorbeerkirsche selber Blütenkerzen auf. Damit sie es wirklich tut, damit nicht von Ostwind und Februarsonne gedörrtes Laub in toten Zweigen hängt, muß man allerdings auf Experimente verzichten und sich auf die einigermaßen winterfesten Sorten beschränken.

Die Voreltern unserer Lorbeerkirschen sind Nachbarn des Lorbeers: Sie sind in Südosteuropa und Kleinasien zu Hause, auf dem Balkan und in den Tälern des Kaukasus, wo sie leicht sechs Meter hoch werden. Wir sind schon stolz, daß ein starker Strauch namens »Herbergii« (es könnte auch »Reynvanii« sein) neben der Haustür bald die Dreimetermarke überwindet, doch der wackere »Otto Luyken« kommt über anderthalb Meter kaum hinaus, »Schipkaensis« und »Zabeliana« wachsen sowieso mehr in die Breite als in die Höhe. Alle sind sie unserm Klima leidlich angepaßt. Absolute Winterfestigkeit gibt es bei der Lorbeerkirsche nicht; im Frühjahr 1985 war sogar »Otto Luyken« bis ins alte Holz zurückgefroren. Es wird behauptet, am schattigen Platz komme die Pflanze besser über den Winter. Mag sein. Aber wichtiger als der Schutz vor der zehrenden Sonne ist der Schutz gegen den scharfen Ostwind.

Frankreich, du hast es besser! Schon im kargen Lothringen, noch mehr in Burgund und an der gesegneten Loire, von der Provence nicht zu reden, stehen die hohen, undurchdringlichen Hecken von hellgrüner, für unsere kontinentalen Verhältnisse allzu empfindlicher »Rotundifolia« und »Magnolifolia«. Welche Pracht! Wenngleich die besonders großen Blätter dieser Sorten meist barbarisch von der elektrischen Schere zerschnitten sind. Auch bei unseren kleinblättrigen Hecken lohnt es die Mühe, Zweig um Zweig blattschonend einzeln abzuzwacken: Gleich sieht das grüne Mobiliar so florentinisch aus, als wollten Paolo und Francesca vor oder hinter dem Buschwerk noch ins Buch oder einander schon in die Augen schauen.

Wie die Rhododendren sind die Lorbeerkirschen Liebhaber des Halbschattens, sie gedeihen und blühen jedoch in voller Sonne nicht weniger gut. Wie alle Immergrünen sollen sie im Spätsommer weder gedüngt noch gegossen werden (damit nur ausgereiftes Holz in den Winter geht). Sie müssen aber bei Trockenheit im Spätherbst und sogar mitten im Winter gelegentlich gewässert werden, sofern der Boden nicht gefroren ist (denn die Blätter verdunsten Wasser auch in der kalten Jahreszeit). Doch so anspruchsvoll wie Rhododendren sind die Lorbeerkirschen nicht. Saure Lauberde tut gut und eine dicke Mulchschicht darüber, aber Kalk macht nicht gleich sterbenskrank. Und wenn dem verliebten Apoll, wenn dem glücklichen Gärtner im Mai die dionysische Ader schwillt, läßt sich die in unschuldsvollem Weiß erblühende Lorbeerkirsche willig umarmen, von dankbaren Blicken umfangen. Solange uns der Lorbeer verwehrt ist, darf die Lorbeerkirsche trösten.

Anemonen für das Eichhorn

Nach Straßburg fährt der Gärtner zu allen Jahreszeiten gern. Sucht er abseits der überfüllten Autobahn eine direkte Route, weil er die Gärtnerin mittags ins Buerehiesel oder ins Crocodile führen will, nimmt er den Weg durch das nördliche Elsaß. Vor der Grenze bei Lauterburg leuchtet es aus dem Laubwald, als sei frischer Schnee zwischen die Bäume gefallen. Das sind die Buschwindröschen. In einen Holzweg einbiegen, aussteigen, staunen. Niederknien möchte man! Der Boden ist aber zu naß für eine Blumenandacht. Und solche Kenner sind wir nicht, daß wir die feinen Abweichungen sähen, die diese wilden Anemonen von ihren Schwestern in den hessischen oder niedersächsischen Wäldern unterscheiden. Es gibt aber Anemo-

nensammler wie Lothar Denkewitz, die graben da und dort Pflanzen aus, vergleichen und bewundern dann im Garten die Vielfalt der Erscheinung.

Warum ist der Anemonenteppich bei Lauterburg besonders dicht? Der Wald ist so unaufgeräumt, der Boden so bedeckt von herabgefallenen Ästen zwischen umgestürzten Stämmen, daß die zarten Rhizome im Laubhumus nicht nur vor Wanderschuhen sicher sind, auch vor den Hufen der Rehe. Das darf man sich für den Garten merken: Anemonen wollen ungestört bleiben, im Frühling in frischer Feuchte stehen, zugleich aber die Sonne sehen. Im Sommer, wenn die Pflanze ruht, mag es schattig werden. Und dann soll es lieber zu trocken sein als zu naß. Die Fähigkeit der Anemone nemorosa, so heißt das Buschwindröschen, sich auch in voller Sonne zu behaupten, begeisterte einst Karl Foerster: Man soll sie doch im Garten nicht immer nur halbschattig pflanzen! Trotzdem ist es kein Fehler, wenn sich der Anfänger zuerst die Lebensbedingungen an den natürlichen Plätzen zum Vorbild nimmt, auch wenn er die Züchtungen, die großblumigen Sorten, pflanzt, die weiß sind wie die »Frühlingsfee« und die gefüllte »Alba plena« oder lavendelblau wie »Robinsoniana«, dunkelblau wie »Royal Blue«. Solche Gartenformen sind in England und Holland schon seit dem sechzehnten Jahrhundert in Kultur.

Azurblau oder scharlachrot, rosa, violett oder am liebsten weiß blüht auch die Anemone blanda, die griechische Berganemone, die erst in diesem Jahrhundert in europäischen Gärten Beachtung fand. Blanda heißt: reizend. Ihre schmalblättrigen Blütensterne ähneln der Margerite, sitzen allerdings nur eine Handbreit über dem Boden dicht über dem geschlitzten Laub, das unübersehbar zeigt: Anemonen sind Hahnenfußgewächse. Einige hundert dieser reizenden Anemonen haben wir auf den Baumscheiben unter den Metasequoien, aber auch wer weiß wo im Garten. Fast ohne eigenes Zutun. Die Freundin Marianne brachte in einem heißen August eine Tüte voll brauner Knollen. Weil nirgends sonst sich ein Platz anbot, wurden sie unter den Bäumen verteilt, und weil es so trocken war, der Boden knochenhart, weniger eingegraben als hingelegt und mit Komposterde bedeckt. Eigentlich bloß aus Pflichtgefühl, nicht in Erwartung, daß daraus was wird. Aber im April stand Blüte an Blüte. Aus der Ferne, vom Haus her, zwei weiße Seen. Aus der Nähe ein hundertfaches Lächeln. Die Anemonen lachten jedoch nicht nur dort, wo sie gesetzt worden waren. Auch zwischen den Rhododendren, unterm Bambus, am Zaun und zwischen den Steinen am Bach strahlten sie. Wie das? Im Herbst hatte das Eichhörnchen unter den Bäumen die Nüsse aus der Nachbarschaft vergraben. Und offenbar buddelte es dabei einige Dutzend Blanda-Knollen aus und grub sie anderswo wieder ein. Das Tier hat uns eine Lehre erteilt, die wir keinem Gartenratgeber abgenommen hätten: Das Blühen am vorgesehenen Ort ist schön und eindrucksvoll, überzeugend wirkt es an den Zufallsplätzen. »White splendour« heißt die Sorte, die im April drei Wochen lang blüht.

Buschwindröschen und Anemone blanda, das sind schon zwei von siebzig Arten. Bevor wir uns über die anderen kundig machen, müssen wir Friedolin Wagner in seinem Frühlingsgärtchen besuchen, das er auch mit diesen beiden populären Anemonen schmückt, freilich mit blauen Sorten, weil er ein ernsthafter Liebhaber ist, der sich seinen Regenbogen mit größtem Bedacht zusammensetzt. »Mein Frühlingsgärtchen« ist ein Kapitel seines neuen Buches »Gestalten mit Pflanzen« (im Ulmer-Verlag). Der Untertitel lautet: Versuch einer Ästhetik des Gartens. Aber keine Angst! Die Ästhetik ergibt sich wie von selbst. Es ist, trotz aller Wissenschaft, kein Fachbuch und kein Sachbuch, trotz der vielen lebensvollen Bilder von Marion Nickig kein Bildband, sondern so etwas wie eine gemeinsame Gartenbegehung, die auch dem schüchternen Anfänger die Befangenheit nimmt, ja ihm ausdrücklich Mut macht, die Ratschläge der Fachleute, kaum befolgt, wieder in den Wind zu schlagen.

Im Griechischen heißt der Wind anemos. Von ihm soll die Anemone den Namen haben, den Theophrast vierhundert Jahre vor Christus zum erstenmal benutzt hat. Was ihm damals zwischen anemos und Anemone aufgefallen ist, errät heute wohl keiner mehr. Gewiß ist, daß die zarten und doch anspruchslosen Anemonen unsere Frühlingsgärten bereichern, wenn sie nur in Gruppen oder ganzen Kolonien erscheinen dürfen – auch die gelben Windröschen (ranunculoides), auch die knallroten unter den vielfarbigen Kronenanemonen (coronaria), deren breite Blütenkelche auf höherem Stengel Anfang Mai fast wie Islandmohn wirken. Wer sich einen Überblick verschaffen will über das, was es sonst noch gibt, wird Reinhilde Franks »Zwiebel- und Knollengewächse« zu Rate ziehen oder das andere Ulmer-Handbuch der »Freiland-Schmuckstauden«. Oder er muß sich ins Auto setzen und nicht Straßburg ansteuern, nicht Marlenheim und Fegersheim, sondern eine der großen Staudengärtnereien.

Jedenfalls werden wir im Spätsommer nicht einfach die Prachtmischung kaufen, die im Gartencenter angeboten wird; hartnäckig werden wir die Sorte und Farbe bestellen, nach der unsere Ästhetik verlangt. Denn das haben wir von Friedolin Wagner gelernt: Der Garten soll mit uns in Einklang sein. Oder wir mit dem Garten?

Das große Azaleenfeuer

Elfter April 1816: »Im Garten mancherley Überlegungen.« Am zehnten April, drei Jahre zuvor: »War ich für mich im Garten.« Vier Jahre später, 15. April: »Im Garten geblieben, den Wolkenzug zu beobachten.« Hätte Goethe Azaleen gehabt unter den hohen Bäumen an der Ilm, er hätte nicht nach den Wolken gesehen, sondern die Augen niedergeschlagen: Wie stehen die Knospen bei John Cairns? Wie ist man über den Winter gekommen, White Lady? Wird Aladdin seine roten Lichter bald entzünden? Genügen Geduld und gutes Zureden, oder sollte mit Dünger geholfen werden? Vielleicht etwas verrotteten Kuhmist als Mulchschicht?

Obwohl den Gärtner in Weimar die exotischen Azaleen noch nicht erreicht hatten, obwohl er mit Rhododendron allenfalls von fern bekannt geworden war (Azaleen sind eine kleinblättrige Spielart in der großen Rhododendron-Familie, die erst im Lauf des neunzehnten Jahrhunderts in Europa richtig Fuß faßte), hat er schon im Frühjahr 1780 eine Erfahrung notiert, die für jeden Garten gilt, besonders aber für den, der von Azaleen erobert wurde: »Die Verändrungen, die ich drinn gemacht habe liesen mich über die Verändrungen meiner Sinnesart nachdencken.«

Das ist ein Satz wiederum zum Nachdenken, ein schöner Satz. Dennoch unbefriedigend. Goethes Tagebuch deutet an, aber es verrät nichts. Was lernen wir daraus? Dem Garten gebührt ein eigenes Heft. Jürgen Dahl empfiehlt in seinen »Nachrichten aus dem Garten« (Klett-Cotta) sogar die doppelte Buchführung: ein Notizbuch für die Vergangenheit, für Taten, Beobachtungen, Erfahrungen; und ein Merkbuch für die Zukunft, für das, was bei Gelegenheit getan, probiert, gebessert werden soll. Heute ist es sonnenklar, morgen wieder vergessen. Auf das Gedächtnis ist kein Verlaß, nur auf die Gewohnheiten. Und die führen immer wieder zu den gleichen Fehlern.

Wiederholungsfehler will sich der Azaleengärtner nicht leisten; verlorenes Geld läßt sich verschmerzen, nicht die verlorene Zeit. Und als Anfänger kann er genug falsch machen. Auch wenn er es richtig gemacht hat und erst einmal die deutschen Rhododendron-Bücher studierte, das von Gerd Krüssmann (bei Paul Parey) und das von Berg/Heft (bei Eugen Ulmer); auch wenn er in botanischen Gärten und bei den Züchtern in Norddeutschland einen Überblick zu gewinnen suchte. Schließlich hat er doch die falschen Pflanzen, wieder zu

dicht gesetzt, die sparrig hohe Sorte steht zwischen breitwüchsigen, der großblättrige Busch bedrängt den filigranen Strauch. Und die Farben harmonieren nicht. Obgleich wir doch bei Gertrud Jekyll gelesen hatten, alle winterharten Azaleen können durcheinander gepflanzt werden. Ja, das schrieb sie vor achtzig Jahren, im Azaleen-Mittelalter, fügte jedoch schon hinzu: die weißen nach hinten, die gelben und roten nach vorn! Weiß ist unentbehrlich. Doch Vorsicht mit Rot. Kaltes Rubin besteht nicht neben warmem Karmin. Und wie rot ist eigentlich »scharlachrot« gegenüber »leuchtendrot« oder »tiefrot«? Auf den Farbbildern der Kataloge läßt sich meist kein Unterschied erkennen. In der Natur gleicht jedoch nicht einmal ein Weiß dem anderen. Darum tut man gut daran, die Pflanzen zu kaufen, wenn sie blühen.

Harmonieren müssen auch die Blütezeiten. Der Schlaukopf, der eine Azaleengruppe so zusammenstellt, daß von April bis in den Juni immer etwas leuchtet, hat es falsch gemacht. Der erblühende Strauch kommt neben dem hinwelkenden nicht zur Wirkung. Also: Gleichklang. Oder: Späte Sorten zwischen die ganz frühen.

Was sagt unser Merkbuch noch? Man kaufe, so raten erfahrene Leute, keine veredelten Sträucher, denn die treiben irgendwann wieder aus der Unterlage (plötzlich entfalten sich violette Blüten neben den gelben und roten), man verlange wurzelechte, die durch Stecklinge oder Absenker vermehrt worden sind.

Das Hauptproblem stellt sich erst nach dem Kauf, wenn es ans Pflanzen geht. Es heißt: Moorbeet, saure Erde, viel Torf, kein Kalk im Dünger, auch nicht im Gießwasser. Zweitens: Luftfeuchtigkeit. Darum: Windschutz. Und, zumindest für einen Teil des Tages, lichten Schatten. Im Zweifel ist aber zu viel Schatten schlechter als zu viel Sonne. Es gibt eine Faustregel: Je kleiner die Blätter, desto stärker der Hunger nach Licht; je größer und heller das Laub, desto mehr braucht der Rhododendron den mittäglichen Schutz hoher Bäume – aber nicht die fortwährende Verdunkelung.

Wir halten uns notgedrungen an die frosterprobten Sorten. Sonst kann es bald böse Enttäuschungen geben. Später sehen wir aber anderswo beneidenswerte Sträucher, sensible Töchter empfindlicher Eltern. Auf diese Schönheit soll ich verzichten? Da will der getreue Ehemann wenigstens als Gärtner ersatzweise das Abenteuer. Auf die Gefahr hin, daß ihn die Natur im nächsten Winter wieder in die Schranken weist.

Die Azaleengärtnerei ist eine Erfahrungswissenschaft. Das soll den Anfänger nicht schrecken. »Der Meister sprach: Wer etwas kennt, reicht nicht heran an jenen, der es liebt; und der es liebt, reicht nicht heran an jenen, den es freut.« So sprach der Meister Kung-tse, Konfuzius, der Philosoph im fernen Reich der Azaleenlust. Und Lust, das weiß der Knabe schon, verdient den Namen erst, wenn sie nicht ohne jede Mühe gewonnen worden ist. Wer in der Ungeduld des Aprils vor seinen bald lodernden Azaleen solche oder andere Überlegungen anstellt, mit dem Notizbuch oder ohne Schreibgerät, wird im Garten bleiben und den Wolkenzug beobachten, ja dankbar schon in den Morgennebel schauen.

Aus dem Steingarten

Rosmarin und Thymian / wächst in unserm Garten. / Mutter, gib mir einen Mann, / ich kann nicht länger warten!« Hat diese Tochter recht? Wächst Thymian im Garten? Eine Pflanze des Mittelmeers, die nördlich der Alpen den Winter fürchtet? Freilich, Thymus vulgaris, das aromatische Küchenkraut aus dem Gewürzladen, der sogenannte Garten-Thymian, ist nichts für unsere Gärten. Gemeint ist jedoch der Feld-Thymian, der Quendel, Thymus serpyllum: er duftet schwächer, ist aber auch brauchbar in der Küche, gut für Magen und Darm, wirkt gegen den Husten, und ungeduldige Mädchen glaubten einst, sich gegebenenfalls auf seine Hilfe verlassen zu dürfen. Denn der freche Abzählreim stammt aus der pillenlosen, der schrecklichen Zeit. Damals kroch der Quendel als niedriger Halbstrauch kaum handhoch im Kräutergarten, versorgte Hausapotheke und Hexenküche. Heute setzen wir den immergrünen Quendel natürlich auch noch aufs Kräuterbeet. Unentbehrlich ist er im Ziergarten: Thymian ist ein wunderschönes Mauerblümchen.

Im Steingarten, in dem es vor allem im Frühling blüht, sorgt der Quendel im Juni und Juli für Geschmack und Farbe, selten weiß, meist rosa, aber auch mit kräftigen Karmintönen. Karl Foerster, der Steingarten-Enthusiast, rühmte ihm akrobatische Anpassung und abenteuerliche Wanderkraft nach, von den Gletscherhöhen bis hinunter zu den Heiderainen und Waldsäumen der Tiefebene; sein oft zitronenartiger Würzgeruch wecke Fernweh wie Heimweh. Auch deshalb spiele er eine so wichtige Rolle im Steingarten; denn der ist doch der Fernwehgarten am Haus; der Platz für die Erinnerungsseligkeiten der Bergwanderer und ein Sehnsuchtsort für die Freunde des Ostens. Den Umgang mit Steinen haben wir von den Chinesen und Japanern gelernt; die Gewächse jedoch, die sich den Steinen anschmiegen, haben zuerst und doch spät die Zeitgenossen und Landsleute des Engländers Whymper in den Alpen gefunden, die ja nicht alle den Ehrgeiz hatten, das Matterhorn zu bezwingen.

»Den Weisen erfreut das Wasser, den Tugendhaften erfreuen die Berge.« So sprach Kung-tse, der in Europa Konfuzius heißt. Den tugendhaften Gärtner erfreuen die wohlgesetzten Steine, gegen das Wasser hat er oft Bedenken. Die Steine sind Ruhepunkte im Wechsel des Blühens und Vergehens, des Einpflanzens und Umpflanzens, des Säens und Ausreißens. Sie sind Bremsklötze der gärtnerischen Ungeduld. Jawohl, der Ungeduld. Geduld wird vom Gärtner verlangt, weil er sie nicht hat. Über das Wesen des Gärtners sind allerhand Vor-

urteile im Umlauf, auch die Selbsttäuschung spielt mit. Der Gärtner ist ein Regisseur, der sich für jede Aufführung einige neue Darsteller verpflichtet, der die Hauptrollen rücksichtslos umbesetzt und trotz fortwährender Kulissenschieberei mit dem Bühnenbild nie zufrieden ist.

Der leidenschaftliche Gärtner ist ein fürchterlicher Unruhestifter. Die Kuhschelle, diese langlebige Königin des Steingartens, kann er allerdings nicht verpflanzen. Ihre Pfahlwurzel duldet es nicht. Deswegen ist Sitzfleisch für einige Studierstunden nötig, wenn der Steingartenanfänger nicht zu viele Enttäuschungen erleben will. Zuerst einmal wird er sich von der Kenntnis und der Begeisterung Karl Foersters verblüffen und anstecken lassen: »Der Steingarten der sieben Jahreszeiten«, in siebter Auflage postum 1981 in Radebeul erschienen, nun in Lizenz auch beim Stuttgarter Verlag Eugen Ulmer. Foerster wurde auch nie müde, gegen die Wasserscheu, gegen die lächerliche Mückenangst anzuschreiben: Zum Trockengarten gehört die Feuchtigkeit, also der Gartenteich oder zumindest die sumpfige Mulde. Das Wasser zum Stein fordern auch die neueren Bücher aus dem Ulmer-Verlag: »Der Steingarten« von Wilhelm Schacht und Fritz Köhleins »Saxifragen«; der eine führt mehr ästhetische Gründe an, der andere empfiehlt Sprühnebel für jene Steinbrecharten, die sich mit der Lufttrockenheit eines Flachlandgartens einfach nicht abfinden können.

Ist einer sogar beim Lesen ungeduldig, so hat er in Wolfgang Hörsters BLV-Taschenbuch »Steingärten« einen Kurzlehrgang, ebenfalls glänzend illustriert, der zumindest den Anfang erleichtert. Denn das Anfangen, das Anlegen des Steingartens ist das Schwerste, nicht bloß von der Muskelarbeit her. Kaum zu glauben, wie viele Fehler gemacht werden können. Manche machen überhaupt alles falsch, wodurch der Steingarten ziemlich in Verruf geraten ist: Ein schräger Erdwall buckelt sich vor der Terrasse, mit Felsbröckchen gespickt wie der Hasenrücken mit Speck; darauf ein buntes Tuttifrutti von Iberis und Blaukissen, Steinbrech und Enzian, Fetthenne und nadeligem Zwerggesträuch.

Sind Steingärtner denn überhaupt richtige Gärtner? Sie können doch ihr Werkzeug gar nicht anwenden, den Spaten, die Hacke, die Grabgabel und den Rechen. Nicht einmal nach Herzenslust düngen dürfen sie. Und was hat der fertige Steingärtner noch anderes zu tun, als sich selber einen schattigen Platz für den Liegestuhl zu suchen? Das sind so Fragen, die der Steingarten dem Fortgeschrittenen später erbarmungslos beantwortet. Falls nicht vorher die Bücher gewarnt haben. Der Steingarten, die Trockenmauer und das Wasser nebenbei – sie sind die Essenz des Gärtnerischen. Sie fordern den ganzen Mann.

»Warm atmet der Fels: schlief wohl zu Mittag das Glück auf ihm seinen Mittagsschlaf.« Das ist die Lesefrucht eines faulen Gärtners, der sich den Pflückort des reifen Zitats nicht notiert hat. War es wirklich Nietzsche? Ein Philosoph jedenfalls, ein Dichter zugleich, gewiß kein Steingärtner, der seine Mauerblümchen zu pflegen hat. Was weiß der rastlose Gärtner vom Glück des Mittagsschlafs!

Der Farn und seine Rätsel

Der Farn gibt Rätsel auf. Gräser blühen, Bäume blühen, der Farn blüht nie und nimmer. Und zieht doch bewundernde Blicke auf sich. Einige hundert Millionen Jahre ist er alt. Ein grünes Fossil. Weil er keine Blüten hat, kann er auch keine Früchte tragen und keinen Samen bilden. Aber wie vermehrt er sich dann? Die Botaniker sind lange nicht dahintergekommen. Erst im Jahre 1851 wurde das Geheimnis aufgedeckt, von einem deutschen Buchhändler. Der war, wie mancher seines Zeichens, vorzeitig von der Schule abgegangen, war kurzsichtig, erkannte aber die winzigen braunen Punkte auf der Rückseite der Farnblätter und sah geduldig zu, was sie zu bieten hatten. Ein Jahrzehnt später wurde er für die in der Freizeit betriebene Erforschung der Sexualität des Farns mit einem Lehrstuhl der Universität Heidelberg belohnt. Die Heidelberger waren schon immer für mutige Berufungen gut.

Friedrich Wilhelm Benedikt Hofmeister hieß der Mann, der wußte, daß jene braunen Punkte Fortpflanzungsbehälter sind, gefüllt mit kaum sichtbaren Sporen, die, vom Wind verweht, am geeigneten Ort keimen und – das fand nun er endlich heraus – eine Pflanze entstehen lassen, die keine Wurzeln hat, nur Saughaare zur Verankerung; vor allem fehlt ihr jegliche Ähnlichkeit mit einem Farn. Das ist der sogenannte Vorkeim, eine Zwischengeneration, die Geschlechtsgeneration. Dieses meist herzförmige, weniger als einen Zentimeter breite, hauchdünne Prothallium trägt auf der Unterseite männliche und weibliche Organe. Die Feuchtigkeit eines Tautropfens genügt den Spermatozoiden, zu den Eizellen am anderen Ende des Keims zu schwimmen. Neun Monate etwa dauert es, bis über diesen Umweg ein neuer Farn entsteht, der zuerst nur eine Wurzel und ein einfaches Blatt bildet, allmählich jedoch zu der für die jeweilige Art typischen Form des Wedels findet. Im nächsten Sommer entwickelt er sich schon fast zu voller Größe, im übernächsten ist er schon wieder selber Sporenträger.

Der Farn gibt immer noch Rätsel auf. Ist er nicht eine Waldpflanze, die im Schatten lebt? Einst kauften wir einen kleinen Wedel und setzten ihn in Lauberde unter den Hartriegel, wo er gedeihen sollte. Er blieb ein Kümmerling. Nach drei Jahren verschwand er. Es war kein Exote, sondern ein Gemeiner Wurmfarn, Dryopteris filix-mas. Aber an Plätzen, die wir einem Farn nie hätten zumuten wollen, wo Sandsteine in der Sonne liegen, die den Rasen von den Beeten trennen, siedelte er sich selber an. Wächst und wuchert. Das ist jetzt ein Becherfarn, Matteuccia struthiopteris. Er heißt auch Trichterfarn oder Straußfarn. Becher und Trichter nehmen Bezug auf das geschlossene

Rund der um den Wurzelstock stehenden Wedel, Strauß meint wohl die Form dieser Wedel, die einer Straußenfeder ähneln. (Der Wurmfarn dagegen verdankt seinen Namen dem Umstand, daß er vormals in der Volksmedizin als Wurmmittel gute Dienste getan haben soll.) Unser Becherfarn treibt Ausläufer, so daß eine freie Fläche binnen weniger Jahre von einem dichten Farnwald besetzt werden kann. Im Halbschatten geht das freilich besser als in voller Sonne.

Im Halbschatten! Die meisten Farne sind zwar Waldbewohner, dennoch keine lichtscheuen Dunkelmänner. In geschlossenen Fichtenbeständen oder Buchenwäldern sucht man den Farn vergebens. Erst wenn der Wind oder die Holzfäller Lichtungen geschlagen haben, nutzt er seine Chance. Und wird zum Dauergast, wenn er genug Feuchtigkeit findet. (Dem Wurmfarn war es unterm Hartriegel wahrscheinlich zu trocken. Den Becherfarn versorgt der Rasensprenger.) Sogar die Steingartenfarne im Fels und an der Mauer brauchen die Verbindung zu rückwärtigen Erdschichten. Oder den Dauernebel. Im Gebirge stehen die prächtigsten Exemplare neben dem stäubenden Wasserfall.

Soll ein Frauenhaarfarn oder ein Schwertfarn im Topf als Zimmerpflanze überleben, bedarf es nicht nur gleichmäßiger Feuchte am Wurzelballen, der gelegentlich getaucht werden muß, aber stehendes Wasser im Untertopf nicht mag – auch die Luft darf nicht zu trocken sein. Eine Blumenspritze wirkt Wunder. Und läßt die Läuse gar nicht erst aufkommen. (Sind sie aber da, Blattläuse, Wolläuse oder Schildläuse, wird eine milde Seifenlösung gesprüht, der ein Schuß Spiritus beigegeben wurde.) Aber Achtung! Nicht alle Farne im Topf wollen eingenebelt werden. Der Geweihfarn ist ziemlich wasserscheu. Dieses epiphytische Gewächs will auch keine Gießkanne sehen, sondern alle zehn Tage in lauwarmes Regenwasser getaucht werden.

Der Farn gibt immer wieder Rätsel auf. Einige Arten kommen aus Kalkgebirgen und wachsen im Garten doch willig neben ihren sauren Brüdern. Nicht so der Hirschzungenfarn, der alkalischen Boden braucht und den tiefen Schatten, ein Höhlenbewohner, dem es auch in einem Brunnenschacht nicht zu dunkel ist.

Die Farnkunde ist eine Erfahrungswissenschaft. Mit allen Farnen kann aber keiner bekannt sein. Zehntausend Arten soll es geben. Fünfhundert von ihnen sind arktische Farne, andere fünfhundert sind Wüstenfarne. Bleiben noch neuntausend. Die leben fast alle in den Tropen, die Baumfarne zum Beispiel, bei denen sich das Rhizom zu einem Stamm hochgeschoben hat, so daß sie aussehen wie kleingewachsene Palmen. Leider kann man sie nicht in den Garten setzen, nur in ein großes Gewächshaus. Es bleibt aber noch genügend Spielmaterial für den mitteleuropäischen Farnatiker: »Das Buch der Freilandfarne« von Richard Maatsch (Verlag Paul Parey) beschreibt einige hundert Arten und Sorten und sagt dem Unerfahrenen, worauf er achten sollte. Das Time-Life-Handbuch »Farne« ist nicht weniger hilfreich, noch anschaulicher und voll von Anekdoten samt der Geschichte von den Wardschen Kästen, diesen einst jeder bürgerlichen Behausung unentbehrlichen Farn-Vitrinen, die am Ende des vergangenen Jahrhunderts immer gotischer wurden: Sakramentshäuschen für die Farnandacht.

Rezepte sind in beiden Büchern nicht enthalten. In der Küche läßt er sich dennoch verwenden: Einer Platte mit ordentlichen Brocken von pyrenäischem Bergkäse geben zwei untergeschobene Farnwedel urtümliches Ansehen und dazu noch einen Hauch von filigraner Eleganz.

Das Veilchen

Vorsicht mit Veilchen! Nicht, daß sie giftig wären. Das Veilchen kann heilsam sein. Der Apotheker Pahlow hat ihm zwei Spalten eingeräumt im »Großen Buch der Heilpflanzen«, und er schließt mit dem Satz: »Nebenwirkungen sind nicht zu befürchten.« Bei homöopathischer Verwendung des Krauts ohne die Wurzeln. Ein bescheidener Veilchenstrauß jedoch kann mehr Verwirrung stiften und Herzweh verursachen als eine unverschämt rote Rose auf hohem Stengel. Denn was verkündet die kleine blaue Blüte in aller Unschuld: »Verborgene Liebe beglückt.« Oder, deutlicher: »Nichts ist süßer als geheime Liebe.« Drum prüfe sich und seine Verhältnisse, wer einen Veilchenstrauß verschenken will. Die Empfängerin, der Blumensprache kundig, könnte verwundert sein, schlimmer, sie könnte Hoffnungen nähren. Und schon nimmt das Schicksal seinen Lauf.

Das Veilchen ist nicht die Blume der Demut, zu der es von braven Leuten auch schon ernannt worden ist, sondern eine starke Verführerin. »Als Venus sich nicht entschließen konnte, Vulcans Liebesbewerbungen zu erhören«, berichtet ein Veilchenforscher, »da bekränzte der Anmuthlose sich mit dem Gebilde der Anmuth, mit Veilchen, und die Göttin, von ihrem Duft angezogen, lächelte über den Unhold und willigte in die Umarmung.« Ja, wenn es nur immer so einfach wäre.

Venus und Vulcan sind zwar legendäre Figuren antiker Frömmigkeit. Doch Vergleichbares überliefern die Historiker aus dem wirklichen Leben: Ein Veilchenkranz im Haar und, besser im Gesichtsfeld des jungen Generals, ein Veilchenbukett im Dekolleté der Joséphine de Beauharnais habe bei der Eroberung Napoleons eine entscheidende Rolle gespielt. Danach sei den Napoleoniden das Veilchen so bedeutend gewesen wie die Lilie den Bourbonen.

Bevor wir nun mit gärtnerischem Bedacht vor der kaiserlichen Blume niederknien, sei noch eine Abschweifung in die Niederungen der Veilchenpoesie erlaubt. Im Mittelalter soll es in Süddeutschland Sitte gewesen sein, das erste Veilchen auf eine Stange zu binden und den Lenzreigen darum zu tanzen. Als der Ritter Nithart Fuchs in den Donau-Auen vor Wien ein Märzveilchen fand, bedeckte er es mit seinem Hut und eilte, Otto den Fröhlichen und den Hofstaat zu alarmieren. Ein Bauer hob unterdessen neugierig den prächtigen Hut, pflückte das Veilchen, lockerte die Hose, »ließ zurück, was sich nicht singen noch sagen läßt« (Hans Sachs besang es aber doch), und stülpte den Hut wieder darüber. Als Nithart, der hernach den Beinamen Bauernfeind trug, dem Herzog und den Damen seinen Fund entdeckte, war die Gesellschaft so betreten, wie wir es jetzt auch wären, befänden wir uns mit diesem Satz nicht schon unterwegs zu einer anderen, nun wirklich poetischen Legende, die sich um eine französische Schauspielerin rankt, Mademoiselle Clairon, die verrückt nach Veilchen war, weshalb einer ihrer Verehrer die Blume so kultivierte, daß er zu allen Jahreszeiten allmorgendlich ein Sträußchen überbringen lassen konnte. Dreißig Jahre lang.

Der Veilchengärtner ist seiner blauen Blume lebenslang verfallen. Es ist ihm fast unmöglich, über das Veilchen zu schreiben und nicht sofort in den lyrischen Ton zu fallen. Karl Foerster allerdings begann einen Artikel in der Zeitschrift »Gartenschönheit« 1926 mit der trockenen Bemerkung: »Die meisten Gärten haben keine netten Plätze für Veilchen.« (Das stimmt immer noch.) Und er fuhr fort: »Frühlingsgärten ohne Veilchen sind lächerlich, aber sehr häufig.« Einem imaginären Gesprächspartner rief er zu: »Werfen Sie doch aus Ihrer sonnigen Gartenecke dort drüben die verruchten Schneebeeren und Thuja heraus!« Und er rät uns allen, die Veilchen in großer Menge zu pflanzen, aber nicht breitflächig, sondern buchtenreich, damit sich die Pflanzen nicht gegenseitig die Nahrung streitig machen. Dann habe man drei Wochen lang im Vorbeigehen immer »die Wellen kühler, warmer und heißer Veilchendüfte«. Und er gerät endlich ins Schwärmen, den Duft von Viola Jooi zum Beispiel könne man »nie vergessen und doch nie im Kopf behalten«.

Die ebenso und doch anders duftende klassische Sorte »Königin Charlotte« gibt es in jeder Staudengärtnerei, manchmal auch noch die purpurne »Rubra«. Will man sich einen Begriff von der Vielfalt des Sortiments machen und nicht gleich nach England fahren, schlage man »Die Freiland-Schmuckstauden« von Jelitto/Schacht/Feßler auf (Ulmer-Verlag, Stuttgart). Von den vierhundert Veilchenarten werden dort dreiundvierzig vorgestellt, eine von ihnen ist unser Märzveilchen, Viola odorata, von dem wiederum neun Sorten aufgeführt sind. Ein schönes Buch, dieses Staudenlexikon, unentbehrlich in der Gartenbibliothek.

Wenn Veilchen kümmern, wenn sie nicht kräftige Horste bilden, nicht bald in langer Reihe mit Ausläufern weitermarschieren, stehen sie meist zu dunkel und zu feucht. Foerster sagt: Die Veilchen vertragen unendliche Trockenheit und Hitze. Auch da hat er recht. Wo sie bei uns in der Sonne am Hang sitzen, blühen sie im Herbst noch mal, und sie wuchern in den Rasen hinunter; daß sie dort stoppelkurz gehalten werden, scheint ihnen nichts auszumachen. Doch in der Mulde unterm Hartriegel, wo es im Sommer schattig und im Winter naß ist, bleibt der Veilchenteppich löchrig, so daß mit Schneeglöckchen und Anemonen geflickt werden muß.

Also: Veilchen zur Sonne, zum Licht! Denn ihr seid nicht die Blümchen der Bescheidenheit, sondern die duftenden Boten unserer Frühlingsgefühle. »Wer nicht zuweilen zu viel empfindet, der empfindet gewiß immer zu wenig«, sagt Jean Paul. Im Garten können wir jetzt gar nicht zu viel empfinden.

Die Narzisse des unseligen Narziß

Liebe schmerzt. Unerfüllte Liebe kann tödlich sein. »Weh, weh!« rief die Nymphe Echo ersterbend, als das Haupt des Narkissos tot zur Erde sank. Was war geschehen? Der über die Maßen schöne Jüngling hatte im Alter von sechzehn, fast ein Knabe noch, die Zuneigung der griechischen Männer wie der Frauen verschmäht und auch dieses heftig entflammte Mädchen zurückgestoßen, als es dem im Wald Verirrten die Arme um den Hals schlingen wollte. Die Götter straften ihn für seine Kaltherzigkeit. Mit Selbstliebe. Narziß erkannte sein Spiegelbild in einer Quelle, doch er konnte es nicht fassen, nicht besitzen. Er schwand dahin, vom Liebesschmerz verzehrt. Dem Ort seiner Qual aber entsproß eine weiße Blume mit rotumrandeten Herzblättern, Narcissus poeticus.

So erklärt es die griechische Mythologie, und der Römer Ovid hat die Geschichte im Dritten Buch der Metamorphosen noch einmal in bewegenden Versen für alle Zeit festgehalten. Dennoch gilt Narcissus heute als ein weibliches Wesen, nicht nur in der deutschen Sprache, die aus dem Narcissus poeticus eine Dichternarzisse macht. Auch der französische Zeichner Grandville hat ihn oder sie in seinen »Beseelten Blumenbildern« als junge Frau dargestellt, als Frühlingsbotin im schulterfreien Dekolleté. Verwundert beugt sich die Dame Narziß über den Wasserspiegel, in dem sie nicht ihr Antlitz findet, sondern Lurch und Libelle. Denn das Goldene Zeitalter der Botanik war zugleich das Zeitalter der Entdeckungen und der Entzauberung. Als Grandville in den vierziger Jahren des vergangenen Jahrhunderts seine Fleurs animées aquarellierte, hatten es die Züchter schon weit gebracht. Den Narcissus poeticus der griechischen Bergwiesen hatten sie mit der westeuropäischen Osterglocke, Narcissus pseudonarcissus, gekreuzt: die neuen Schalennarzissen trugen nun im weißen

Blütenkranz die gleichen blutenden Herzen. Und hatten diese wieder zurückgekreuzt: noch die kurzkronigen Tellernarzissen erinnern weiß und rot an das Herzeleid der nie geliebten Nymphe. Sie war damals dem törichten Knaben alsbald in den Tod gefolgt, lebt jedoch nicht als Blume fort, sondern bloß als Widerhall in felsiger Schlucht. Nein, nicht dort allein, auch auf der Bühne. Echo und Narziß – sie waren der Renaissance, natürlich, ein idealer Opernstoff. Noch Scarlatti, Gluck und Massenet haben diese unselige Liebe dramatisch in Töne gesetzt.

Den Griechen war der bleiche Narkissos die Blume der Unterwelt, die Blüte des Todes. Daher der Name. Narkoe heißt: ich erstarre. Narkose kommt aus demselben Wortstamm. Die Narzissen allerdings, obgleich es stark duftende Arten gibt wie die Tazetten und Jonquillen, sie betäuben nicht, eher wirken sie erweckend: Der Winter ist vergangen!

Lautlos läutet das königliche Gelb der Osterglocken den Frühling ein, in den Gärten am Oberrhein schon beizeiten im März, auf den Höhen der Vogesen oder im Hohen Venn warten ihre wilden Schwestern oft bis zum Weißen Sonntag, auch wenn der spät in den April fällt. Die Osterglocke heißt in den Gartenkatalogen Trompetennarzisse, wegen der besonders langen Blütenbecher. Ihre Zwiebel ist giftig. Darum muß man sie nicht vor den Wühlmäusen schützen, wohl aber, wenn man sie ausgräbt, vor Kindern. »Die bittere Zwiebel«, sagt das Lexikon, »war ehedem als Brechmittel in Anwendung.« Heute wird ihre Essenz nur noch homöopathisch gegen Husten und Schnupfen genutzt.

Den gesunden Gärtner interessiert das nicht. Im September wirft er einige hundert Knollen am Rand des Rasens aus, wo der sich unter lichten Gehölzen verliert, und pflanzt sie mit reichlich Hornmehl zehn Zentimeter tief ein. Sofern nicht überhaupt nur eine Sorte, eine Farbe den Garten beherrschen soll, werden große Nester von frühen und späten Narzissen gegeneinander gesetzt, vielleicht auch gelbe gegen reinweiße. Variatio delectat. »King Alfred« ist immer noch die schönste unter den dottergelben Osterglocken, eine englische Züchtung aus dem Jahr 1899. Zehntausend Mark wurden damals für hundert Zwiebeln dieser edel gekrausten Sorte bezahlt. Es war die hohe Zeit der Narzissenzucht in Britannien und in den zwiebelversessenen Niederlanden. Die ganz große Begeisterung der Engländer für die Narzisse, the lovely daffodil, lag freilich schon fast hundert Jahre zurück. Doch geht in England die Narzisse der Tulpe noch heute voran, zumindest im Titel des »Daffodil and Tulip Year Book« der Royal Horticultural Society. Obendrein läßt diese Königliche Gartengesellschaft als die internationale Registrierstelle für Narzissen von Zeit zu Zeit die wiederum vermehrte Neuauflage eines seit 1908 verbindlichen Verzeichnisses erscheinen, das die mittlerweile achttausend oder neuntausend Sorten und ihre Züchter beim Namen nennt, von Irland bis Tasmanien, vom Niederrhein bis Japan.

Gottlob müssen wir sie nicht alle kennen. Unsereinem darf es genügen, aus dem Angebot des Handels herauszusuchen, was den mitteleuropäischen Winter übersteht. Und was gefällt. Auch die zweifarbigen und die gefüllten Narzissen finden ihre Liebhaber. Wenn sie sich nach zwei, drei Jahren an ihrem Standort eingerichtet haben, sich auch schon verwildernd vermehren, wenn sie sich dann unter der Märzensonne sacht im Winde wiegen, vergessen wir vor der leuchtenden Kraft dieser Frühlingskünder die betrübliche Geschichte von Narkissos und Echo und empfinden wie Wordsworth: »And then my heart with pleasure fills / And dances with the daffodils.« Tanzen ist gesund. Liebe muß nicht immer schmerzen.

Hecken zum Verstecken

S chönes zu betrachten ist ein gutes Werk«, sagt das türkische Sprichwort. Schönes zu bewirken ist nicht weniger gottgefällig; schon deshalb, weil es mit Mühsal verbunden ist. Der biblische Fluch »Im Schweiße deines Angesichts« gilt nicht nur für Ackerbauern und Gemüsegärtner. Wer je beim Schneiden einer Hecke zugesehen hat oder gar selber die Heckenschere in der Hand hatte, und sei es eine elektrische, aber hoch über Kopf mit erlahmenden Armen, der weiß, warum die wenigsten der grünen Wände so aussehen, wie sie aussehen müßten: unten breit und dicht, nach oben sich verjüngend, die schlanke Trapezform von sauberen Kanten gekrönt oder sanft zur Kuppe gerundet.

Freilich: Die Garteneinfriedungen in England oder Dänemark zeigen diesen kunstvollen Zuschnitt. Haben Dänen und Engländer mehr Kraft im Arm? Oder fehlt es bei uns an Aufklärung und Anweisung? Gewiß nicht. Die von den Baumschulen kostenlos beigepackten Broschüren zeigen dem hartnäckigen Nichtleser im Bild, was immer wieder falsch gemacht wird und wie es richtig wäre. Luther seufzte: »Der Teufel steckt in der Hecken!« Leider hat er recht. Die deutsche Gartenhecke ist fast immer kopflastig und deswegen oft bocksfüßig und löcherig: Das Gebüsch hat dort, wo die Äste an der Basis natürlicherweise besonders kräftig auseinanderdrängen, nicht genügend Platz und nicht genug Licht für das Laub.

Die gut geschnittene, darum rundum gesunde und schließlich schöne Hecke ist in Mitteleuropa fast so selten wie ein weißer Rabe. Schuld daran trägt jedoch nicht der Beelzebub, sondern bloß die Bequemlichkeit. Nach oben auswärts und unten einwärts schneidet es sich leichter als umgekehrt. Und man müßte halt auf die Leiter steigen und wieder runter, wieder rauf, Meter um Meter weiterrückend. Und zwei

Richtschnüre wären zu spannen oder auch drei. Und man hätte den Platzbedarf für solche Arbeiten schon beim Pflanzen berücksichtigen sollen. Und man müßte ein Gefühl entwickeln für die Ästhetik der Hecke. Derlei lernt sich nicht von heute auf morgen. Heckenkultur ist Sache von Generationen. Was aber, wenn sich auch die Vorväter schon immer mehr als die Erzieher des Menschengeschlechts fühlten denn als Erzieher von Buchsbaum und Eibe!

Der kleinblättrige Buchs und die nimmermüde Eibe, Taxus baccata, sie sind die klassischen Gewächse für Einfassungen, Hecken, Lauben und für den daraus und daneben sich entwickelnden Figurenschnitt, der bei uns eben keine Chance hat. Sechs Taxusstöcke, zu fünf Hunden und einem Reiter geformt, die unentwegt über den Rasen hetzen: das ist bestenfalls ein englischer Spleen. Für Labyrinthe fehlt uns nicht nur der Platz, auch der Humor. Und die Geduld. Eine Taxushecke braucht zehn bis zwanzig Jahre, bis sie die sichtverwehrende Höhe von zwei Metern erreicht hat. Wer rechnet bei der Gartenplanung in solchen Zeitspannen? Die Jungen, die es erleben und erwarten könnten, gleich gar nicht.

Darum haben wir hier überall den schnellen Liguster, der schon in drei Jahren mannshoch wird, und neuerdings den Lebensbaum, Thuja occidentalis, der etwas langsamer, aber zuverlässiger nach fünf, sechs Sommern eine dichte, dunkle, düstere Zweimetermauer bildet. Die bei unseren Eltern noch beliebten Buchenhecken mit dem frühlingshellen Maikäferlaub sind aus der Mode wie der Maikäfer auch: Die Hainbuche verliert ihr brauntrocken raschelndes Laub zwar erst im Spätwinter, aber sie neigt bei mangelnder Pflege besonders schnell zum Verkahlen. Heute muß alles anspruchslos und immergrün sein. Doch auch die immergrünen Anspruchslosen wollen nicht nur richtig geschnitten gut im Licht stehen. Das so dicht nebeneinander gesetzte Gehölz braucht viel Wasser und Nährstoff. Hecken muß man schneiden. Und man muß sie gelegentlich wässern, sogar düngen.

Unseren bäuerlichen Vorfahren wäre derlei lachhaft erschienen. Sie nutzten lebende oder tote Hecken meist dorniger Art als eingrenzenden Schutz gegen streunendes Gesindel auf vier Pfoten oder zwei Beinen. »Wo die Hecke am niedrigsten, da steigt man über.« Nicht allein die Küche, auch die Gärtnerei leidet noch unter der Auszehrung des Dreißigjährigen Krieges: Unsere gutbürgerlichen Gartenhecken sollen wiederum nur schützen, jetzt gegen neugierige Blicke, gegen Wind oder Lärm. Daß sie Räume schaffen, Rahmen bilden, Überraschungen vorbereiten, Kulisse sein könnten fürs kleine Gartentheater, das haben einige Barockfürsten in Kassel oder Würzburg den italienischen Renaissance-Gärtnern abgeschaut, doch volkstümlich wurde die heitere Heckenkunst nur in wenigen Landstrichen, am Niederrhein zum Beispiel, wo schon mal grünes Geflügel auf der Einfriedung den Kragen reckte. Auch das ist Vergangenheit.

Wir müssen froh sein, wenn die eilige Heckenschere im Sommer wenigstens Rücksicht nimmt auf die Vögel, die wir winters gefüttert haben, und erst Ende Juli zu rattern beginnt, wenn die Jungen aus dem Nest, also ausgeheckt sind. Das Verbum hecken meinte im Mittelhochdeutschen soviel wie begatten, fortpflanzen, denn die Hecke ist der Ort, wo sich die Vögel vermehren. Und das Heckmännchen war dem Volksglauben nach ein Kobold, der für die Vermehrung von Geld und Gold sorgte. Klugheit gebietet noch heute, einen Heckpfennig im Beutel zu haben, damit das Bare nie ausgehe.

Nicht allein Klugheit gebietet dem Reihenhausgärtner, der Hecke mehr Aufmerksamkeit zu widmen. Hinter den Hecken wollen wir uns verstecken. Das ist das eine. Vor seiner Hecke erkennen wir den feinen Mann. Sein souverän geformtes Buschwerk ist so etwas wie der festliche Frack, der sich auch dem kleinsten Garten anmessen läßt. Die große Geste der hohen Hecke mag dem ehrgeizigen Gartenbesitzer zudem als augenfälliger Hinweis dienen: Hier bin ich ein Herr. Sofern er sich nicht den Luxus leisten kann und will, auf alle Schneiderei zu verzichten und die grünen Decksträucher wahrhaft großzügig in die Breite wuchern zu lassen.

Maulwurf und Wühlmaus

Ein Weltende durch das große Feuer haben die Menschen schon vor elfhundert Jahren gefürchtet. Auf die Ränder und leeren Seiten eines Buches, das der Bischof Adelram von Salzburg im neunten Jahrhundert dem nachmaligen König Ludwig dem Deutschen geschenkt hatte, schrieb jemand, vielleicht der König selber, ein Textfragment mit der Weltuntergangszeile »dar ni mac denne mak andremo helfan vora demo muspille«, kein Verwandter kann da dem anderen helfen vor dem Erdzerstörer. Die Germanisten beschäftigt die Frage, ob es sich bei dem althochdeutschen muspilli buchstäblich um den Erdzerstörer handele (von mu = Erde) oder um einen Rasenzerstörer (von mud = Rasen), also um das Feuer; denn die nächste Verszeile verkündet: Alles verbrennt. Den Gärtner kümmert der rückwärtsgewandte Streit der Sprachhistoriker noch weniger als der vorsorgliche der Militärtheoretiker um Erstschlag und Nachrüstung. Im Garten führen immer die Rasenzerstörer den Erstschlag. Plötzlich sind die Haufen da, die hohen des Maulwurfs oder die flachen der Wühlmaus.

War nur der Maulwurf am Werk, atmen wir erst einmal dankbar durch. Der Maulwurf kann lästig werden, aber er ist harmlos. Da er als Fleischfresser nie an Wurzeln nagt, sondern Drahtwürmer, Engerlinge, Asseln und Schnecken vertilgt, muß man ihn nicht fürchten, eher achten. Zwar dezimiert er auch das Heer der Bodenlüfter, der Regenwürmer, doch der Verlust macht sich nicht bemerkbar. Wirft der Maulwurf seine Haufen auf, werden sie halt auseinandergeharkt. Einige mit Petroleum getränkte Lappen in die Höhlungen geschoben – und er verzieht sich. Der dumme Kerl geht allerdings immer wieder in die Wühlmausfallen, weil er, der runde Gänge gräbt, die ovalen Röhren der Wühlmaus gelegentlich mitbenutzt. Schon deshalb kontrollieren wir die Fallen so oft wie möglich und tragen den alsbald Befreiten im Eimer eine Viertelstunde weit hinaus aufs Feld. Wenn er sich dann blitzschnell im Acker vergraben hat, fragt sich der Maulwurfretter auf dem Rückweg, wie lang die rosige Schnauze wohl braucht, bis sie wieder im Garten ist.

Zur Wühlmaus, die im vergangenen Frühjahr fast ein Dutzend Himbeersetzlinge und einen jungen Mirabellenbaum zum Absterben brachte, vom Schaden sommers beim Gemüse und den Blumen nicht zu reden, zur Wühlmaus besteht kein freundlich belustigtes Verhältnis. Bei ihr kann der Tierfreund seine Tötungshemmung vergessen. Der Zorn wächst, wenn das Untier, anstatt in die Fallen zu gehen, den Gang vor dem schnappenden Draht oder dem Kunststoffgefängnis einfach zuschiebt. Obwohl die Instrumente und die Gartenhandschuhe tagelang im Freien gelegen hatten und noch mit Erde abgerieben worden waren, damit die scharfe Nase den Menschen nicht riecht. Das Schlimmste ist aber der überraschende Erfolg. Da zappelt ein seidiger dunkler Pelz, braun, manchmal fast schwarz, viel schöner als jedes Meerschweinchen, und kluge Augen fragen: Vermagst du es etwa, mich zu erschlagen?

Macht sich der geplagte Gärtner nicht vor sich selber lächerlich, wenn er den Schädling, das mitleidheischende Geschöpf, nun eine halbe Stunde weit wegtransportiert? Also sucht er sein Heil geduldig in der Nachrüstung. Fette Wolfsmilch wird am Zaun gepflanzt. In Doppelreihen. Die Wühlmaus kümmert's nicht. An anderer Stelle steht eine Barriere von Kaiserkronen. Auch ihnen wird nachgesagt, sie hielten, mit dem durchdringenden Gestank ihrer feisten Zwiebeln, den sensiblen Nager fern. Doch die Wühlmaus schiebt sich zwischen den handbreit nebeneinandersitzenden Kaiserkronen hindurch. Weiß sie

denn nicht, daß sie eine empfindliche Nase hat? Oder isoliert der Frankfurter Lehm so gut?

Manche sagen, die Wühlmaus sei aber geräuschempfindlich. Leere Flaschen solle man zur Hälfte eingraben, damit der über die Öffnung streichende Wind ein schauerliches Huh-Huh unterirdisch verbreite. Doch woher den Wind nehmen bei all dem mühsam gepflanzten Windschutz? Und wie sähe solch ein Flaschengarten aus! Darum haben wir nicht den allerleisesten Rasenmäher gekauft, sondern ein brausendes Luftkissengerät mit lärmendem Zweitaktmotor, und mähen zweimal die Woche. Dem Rasen tut das gut, den Nachbarn weniger, die Wühlmaus stört es nicht. Am Abend wurde noch gedröhnt, am Morgen findet sich ein neues Ganggewölbe von der Randbepflanzung weit ins frisch gemähte Gelände hinein.

Letzte Hoffnung: Wühlmausgas. Teure graue Bröckchen werden in die Gänge gebracht. Wo es zu feucht ist, pufft es und knallt. Karbidgeruch zieht über die Beete hin. Ein Maulwurf schnappt nach Luft und ist nicht mehr zu retten. Maulwürfe können rückwärts wie vorwärts kriechen, rasch graben, Sprinter sind sie nicht. Die Wühlmaus hat offenbar doch eine feine Nase und läuft, wenn es sein muß, drei Meter in der Sekunde.

Es gibt noch ein Kampfmittel. Quiritox. Das ist Johannisbrot, rosa überpudert mit Warferin, das einen schmerzlosen Tod herbeiführen soll. Nachdem im Herbst fast hundert Mark dafür ausgegeben worden waren, schien es erst, als seien die Nager resistent gegen dieses Gift. Nun findet sich im Frühjahr tatsächlich keine frische Spur des Pflanzenmörders mehr. Also doch ein Sieg. Freilich teuer erkauft. Und für wie lange? Denn hinterm Zaun des Nachbarn beginnt das Ackerland.

Vor der nächsten Invasion könnte man nun die Blumenzwiebeln und die Wurzeln von Setzlingen und Sämlingen mit Drahtgeflecht zu schützen suchen oder sie in Glaswolle betten. Wir haben jedoch beschlossen, die Wühlmaus nicht mehr zu bekämpfen, auch nicht zähneknirschend zu dulden, sondern zu lieben. Opferbereit. Gegen Liebe ist jede Kreatur machtlos. – Nachschrift: Das mit der Liebe hat nicht geklappt. Unterdessen haben wir aber einen Hermelin als Wintergast, der im Steinhaufen zwischen dem Haus und der Bambushecke logiert. Keine Maus trippelt mehr über die Terrasse, keine Wühlmaus gräbt mehr unter den Rosen.

Abbildungen

Inhalt

Zu dieser Ausgabe

Die Texte folgen den Ausgaben Johannes Roth, *Gartenlust*, Insel Verlag Frankfurt am Main und Leipzig 1992, und *Neue Gartenlust*, Insel Verlag Frankfurt am Main und Leipzig 1994. Die Texte und die Fotografien von Marion Nickig wurden für die vorliegende Ausgabe neu zusammengestellt.

Erste Auflage dieser Ausgabe Insel Verlag Berlin 2016. © Insel Verlag Berlin 2012.
Alle Rechte vorbehalten, insbesondere das der Übersetzung, des öffentlichen Vor-
trags sowie der Übertragung durch Rundfunk und Fernsehen, auch einzelner Teile.
Kein Teil des Werks darf in irgendeiner Form (durch Fotografie, Mikrofilm oder
andere Verfahren) ohne schriftliche Genehmigung des Verlages reproduziert oder
unter Verwendung elektronischer Systeme verarbeitet, vervielfältigt oder verbreitet
werden. Bezugspapier mit einem Foto von Marion Nickig (Maiglöckchen – Convallaria majalis). Gesetzt in der Schrift Adobe Caslon. Gedruckt auf holzfreies,
alterungsbeständiges Papier der Firma Geese vom Memminger MedienCentrum.
Gebunden in Fadenheftung von der Conzella Verlagsbuchbinderei GmbH & Co
KG, Aschheim-Dornach. Printed in Germany.
ISBN 978-3-458-17670-1